丛书主编◎叶浩生

# 世界著名心理学家
# 阿德勒

贺　微◎著

北京师范大学出版集团
BEIJING NORMAL UNIVERSITY PUBLISHING GROUP
北京师范大学出版社

**图书在版编目（CIP）数据**

阿德勒／叶浩生主编，贺微著．—北京：北京师范大学出版社，2013.1（2015.12重印）
（世界著名心理学家）
ISBN 978-7-303-15318-3

Ⅰ．①阿…　Ⅱ．①叶…②贺…　Ⅲ．①阿德勒，A.（1870～1937）—心理学—研究　Ⅳ．①B84-49

中国版本图书馆CIP数据核字（2012）第193274号

出版发行：北京师范大学出版社 www.bnup.com.cn
北京新街口外大街19号
邮政编码：100875
印　　刷：北京中印联印务有限公司
经　　销：全国新华书店
开　　本：148 mm × 210 mm
印　　张：4.875
字　　数：108千字
版　　次：2013年1月第1版
印　　次：2015年12月第3次印刷
定　　价：16.00元

策划编辑：周雪梅　　责任编辑：周雪梅
美术编辑：毛　佳　　装帧设计：毛　佳
责任校对：李　菡　　责任印制：陈　涛

# 丛书总序

心理学的产生和发展是时代的需要，同时也离不开心理学史上一些重要人物的贡献，以及他们在心理学领域作出的杰出成就。2002 年，美国心理学杂志《Review of General Psychology》依据心理学者在心理学领域的贡献，评选出前 99 位心理学家。《世界著名心理学家》丛书就是从这 99 个人中选择出最有影响力的心理学家，讲述他们生活的时代背景、个人经历、理论思考，以及取得的成就。希望通过丛书的介绍，读者对心理学有进一步的认识，对心理学研究有更深入的思考。

心理学的发展是时代精神和心理学家结合的产物。每一位心理学家都是在总结前人思想的基础上，通过自己的努力和发现推动心理学的发展与进步的。具体来说，时代的进步为心理学提供了社会历史条件，而心理学家利用这些条件完成了心理学史上的重大变革。“心理学有很长的过去，但只有一个短暂的历史。”19 世纪中叶以后，哲学已经为心理学积累了丰富的理论概念；生理学领域的成就为心理学提供了基础知识和研究方法；心理物理学的发现为心理学准备了科学的发展模式和方向。最终，冯特的心理学实验室的建立，才把心理学从哲学的娘胎里催生出来，使其成为一门独立的学科。因此，在肯定时代精神的同时，我们无法抹煞心理学家在心理学发展史上的重要作用。

心理学家的成长历程可以作为心理学后继者的参照，这些人为什么会从事心理学研究？他们是如何为之坚定不移、辛勤付出的？读者或许可以得到这样一些启示。

第一，心理学家对心理学孜孜不倦的追求是取得成功的必要条件。巴甫洛夫是一位“不承认自己是心理学家”的心理学家。他在从消化系统的生理研究转向神经系统的心理研究时，曾承受着来自四面八方的压力，但是这些都没能改变他的决心。经过长达30多年艰苦卓绝的研究探索，巴甫洛夫终于建立了完整的条件反射学说。这种锲而不舍的科学精神是值得心理学后继者学习和借鉴的。

第二，心理学家对信念的坚守是取得成功的保证。弗洛伊德的精神分析理论在他生前就遭人非议，而他死后仍难逃诟病。即使这样，也不能否定精神分析理论从一个独特的视角诠释了人类心理和行为的功劳。如果没有弗洛伊德对“力比多”的坚定信念，就可能不会出现心理学的“第二势力”。心理学研究者首先是作为社会人而存在的，一个时代的文化思潮、价值观和科学哲学观都会影响到心理学研究者的热情和研究取向，甚至决定着心理学的研究内容和方法论原则的形成。所以，今天看来，心理学发展史上任何一个理论流派的存在都有其特定的价值。当然，这些心理学思潮的形成都离不开心理学家对心理学研究信念的坚守。

第三，心理学家对实证研究和理论思维的态度是心理学发展的重要因素。一门学科的进步，既需要科学的实验求证，也离不开严谨的理论思维。心理学也是这样，构造主义、行为主义、人本主义等心理学理论都是建立在一定的哲学基础之上的。从某种意义上说，心理学实验是为证实心理学理论而存在的。例如，格式塔心理学的似动和顿悟实验。但是，当前的心理学实验是在寻找和发现问题。研究者试图把心理学理论建立在大量的心理学实验结论之上，或者说把心理学实验作为发现心理学理论的唯一有效的途径。通过这种途径建立起来的心理学理论更像是无源之水，无本之木。当代心理学再没出现像詹姆斯、马斯洛、科勒这样的心理学大家，也没有出现如行为主义、精神分析、人本主义这样的心理学理论，这与当代心理学重视实验求证，偏废理论思维不无关系。丛书在介绍这些心理学家的章节中列出了“理论背景”板块，一方面帮助读者更好地理解和把握心理学理论内容，另一方面也是为了突出理论思考在心理学发展史上的地位。

丛书每本书介绍一位心理学家。编者制定了详细的编写原则和体例要求。丛书作者大多直接从事有关某一心理学流派、或某一位心理学家的理论研究工作。他们在准确把握这些思想理论的前提下，多方面收集材料，力争使内容生动活泼，可读性强。诚然，丛书编者和作者的观点难免会有偏颇、不当之处，还请读者指正。

叶浩生

2012年8月22日于广州大学城小谷围岛

# 目　录

# 第一章　导论

三个孩子初次被带到动物园，当他们站在狮子笼前面对着威武的狮子时，第一个孩子躲在他母亲的背后全身发抖地说道："我要回家。"第二个孩子站在原地脸色苍白，用颤抖的声音说道："我一点儿都不怕。"第三个孩子则目不转睛地盯着狮子，并问他的妈妈："我能不能向它吐口水？"

一部《阿甘正传》风靡全球，一个智商只有75分的孩子，跑过了儿时同学的歧视、跑过了大学的足球场、跑过了炮火纷飞的越战泥潭、跑过了乒乓外交的战场、跑遍了全美国，并最终跑到了他的终点。每个看过该部影片的人都深受感动，喜欢着阿甘，议论着阿甘，品味着阿甘……

德摩斯梯尼（Dēmosthēnes，公元前384—公元前322），也许对你来说是一个陌生的名字，但相信他的故事你一定耳熟能详。他天生口吃，嗓音微弱，还有耸肩的坏习惯。在常人看来，他似乎没有一点儿当演说家的天赋，因为在当时的雅典，一名出色的演说家必须声音洪亮，发音清晰，姿势优美，富有雄辩能力。然而就是这样一个人人都认为他不可能成为演说家的人，却成为了古雅典出色的雄辩家。这又如何进行解释呢？

与这三个例子相类似的例子，在历史上和现实生活中不胜枚举，我们应该如何解释这种普遍常见的现象呢？这种现象背后的动机和目的又是什么呢？它们又是否具有某种普遍性呢？

很多年以前，阿尔弗雷德·阿德勒（Alfred Adler，1870—1937）就已经经过多年研究及思考，发现了这些人类动机和行为的规律，创立了个体心理学，并提出了具有重要影响作用的概念：自卑感、追求卓越、补偿作用、社会兴趣和创造性自我。

阿德勒认为身体的缺陷或其他外界环境在个体错误态度的感知下会引起个体的自卑感，或者说不管有无器官上的缺陷，儿童的自卑感总是一种普遍存在的事实，这是因为婴儿要长期依赖成人而得以生存与发展，并且他们的一举一动都要受到成人的控制。这种自卑感既能摧毁一个人，使人萎靡不振或患上精神疾病；也能促使人发愤图强，追求卓越，从而超越自卑，补偿弱点。换句话说，阿德勒认为在自卑感的驱使下，个体的发展方向有两个：一个是生活的无用面（useless）；另一个是生活的有用面（useful）。阿德勒的个体心理学理论体系正是围绕着这两个方面为中心而建立起来的。阿德勒强调人是社会性的动物，因此个体要想健康地发展，就必须与社会建立和谐的关系，并且唤醒其先天的潜能——社会兴趣。与此同时，阿德勒也承认遗传因素的作用，只不过这种作用只有在后天的社会环境作用下才得以发挥。阿德勒指出，即使具有相同的遗传和社会环境因素，个体的发展模式也不会完全相同，这是因为每个人都会创造性地选择适合自己心理发展的生活方式或生活风格。

## 一、重要概念的介绍

阿德勒的个体心理学①（individual psychology）并非指关于个人的或个体差异的心理学。实际上阿德勒采用“individual”的拉丁文意思，是用来指人的不可分割性（indivisibility）。所以他所谓个体是一个与他人、与社会不可分割的有机整体、一个有自己独特的目的、寻求人生意

① 沈德灿．精神分析心理学．杭州：浙江教育出版社，2005：173～174.

义、追求未来理想的和谐统一体，强调的是人的社会情感[①]和一体性，只有通过对人与其他社会成员的联系才能理解个体。阿德勒的个体心理学强调人是一个不可分割的有机整体，人的心理也是一个整体，不能分割为各个单一的元素，人的各个组成部分是为了一个共同的目的——追求优越——而主动合作的。

阿德勒的学说以“自卑感”和“创造性自我”为中心，并强调社会兴趣[②]在个体发展过程中的重要作用。在阿德勒看来，只有涉及社会兴趣的追求优越才是个体生活的有用面，才是完美的目标；否则就是个体生活的无用面，只是个人优势目标。阿德勒的个体心理学主要是从人的整体性和能动性出发，认为每个人都有自己的追求目标，努力奋斗以求得以实现，其目的也是为了克服自卑感，努力上升到优越状态，超越并征服他人。这种自卑感不论是由身体器官的缺陷所引起，还是由个体错误的态度产生的主观感受所导致，都是个体发展的驱动力，它借助补偿作用去追求优越的生活目标。并且在补偿的过程中，个体形成了自己独特的生活风格，而生活风格又反过来制约着个体为追求优越而进行的补偿活动。最为关键的是个体在追求优越的时候，要唤醒先天的潜能——社会兴趣，否则个体追求的优越就是纯属个人的，具有自私性，是生活的无效面，对于社会和人类的发展是没有贡献意义的。

阿德勒的个体心理学理论体系涉及的主要概念有：自

① 社会情感也即文中提到的社会兴趣。

② 社会兴趣，又称公共意识或集体精神，是阿德勒参与第一次世界大战后于1918年提出的。

卑感、追求优越、补偿作用、创造性自我、社会兴趣、生活风格、假想的目的论。这里先做一简单的介绍；随后在阿德勒的个体心理学理论一章中，会做出更为详细而全面的介绍。

1. 自卑感

阿德勒认为当个体面对生活中的困难情境时，所产生的一种无法达成目标的无力感与无助感，个体对自己所具备的条件、行为和表现感觉到不满与失望，感觉缺乏自我存在的价值，对所处环境缺乏安全感，对自己想做的事情不敢肯定，这就是自卑感①（feeling of inferiority）。形成个体自卑感的因素有很多，童年经验、身体缺陷、能力不足以及竞争失败的经历等都可能导致个体自卑感的产生。

阿德勒提出，不管有无器官上的缺陷，个体的自卑感总是一种普遍存在的事实，这是因为他们常常要依赖成人，而且他们的一举一动都要受到成人的控制，这就是儿童心理学领域涉及的依恋②概念。与成人相比，使他们感觉到了自己的弱小，于是他们便会产生自卑感。如果这种自卑感在以后的生活中继续存在，便会形成“自卑情结”（inferiority complex），它是一个人在面对问题时无所适从的表现，使自卑感长期存在而形成更严重的情况。所以自卑感不是变态的象征，而是个体在追求优越地位过程中一种正常发展的体现。但是当自卑感被利用来作为逃避做事情的

① 张春兴，沈德灿著．精神分析心理学．杭州：浙江教育出版社，2005：192.

② 此概念最早是由英国精神病学家鲍尔贝（J Bowlby）于1969年提出的，指的是抚养者与孩子之间一种特殊的情感上的联结。

借口时，个体便会表现出神经症的倾向。

“自卑情结”是个体心理学的重大发现，它和阿德勒的名字似乎成为了不可分割的整体，早已名扬于世了。阿德勒认为自卑感的表现方式有千万种，本章开头提到的三个孩子到动物园观看狮子的例子中，这三个孩子都已经感受到了自己所处的劣势，面对着狮子的威猛，他们感到了害怕与自卑，但是由于每个人都是按照自己的生活模式①表现出自己的感觉，所以他们每个人的表现方式也就不尽相同。在阿德勒看来，每个人都有不同程度的自卑感，因为个体对自己所处的地位并不满足，他还希望对它加以改进。如果个体一直保持着勇气，就能通过直接、实际的方法改进个体所处的环境，摆脱这种自卑感。每个个体都不会长期忍受着自卑感，也无法长期忍受，人类也正是通过思维，采取某种行动，来消除自身的自卑感和紧张状态的。如果一个人已经气馁，不再认为脚踏实地的努力能够改变他所处的环境，但同时他是无法忍受自卑感的，所以还要努力摆脱自卑感，然而这时他所采用的方法徒劳而无益。因为他的目标是“凌驾于困难之上”，并没有设法克服困难，而是以一种优越感来自我陶醉，自我麻木。如此，他的自卑感会越积越多，它们会变成个体精神生活中长久潜伏的暗流，也就成了我们前面所说的“自卑情结”。

2. 追求优越

阿德勒认为每个人都有自己的目标定向，努力从卑微的地位上升到更高的位子，避免失败而追求成功，克服自

① 生活模式，在阿德勒的个体心理学理论体系中称生活风格，是指个体解决生活问题，追求优越的手段和方法。

卑感，获取舒适感与完美感，这就是追求优越（striving for superiority）。而羡慕别人、胜过或超过别人、征服别人等都是这种追求优越的人格体现。人生的主导动机就是追求优越，后来阿德勒把追求个人优越修改为追求一种优越而完美的社会，至于修改的原因，在后面的章节中会有详细的介绍，或者说在你真正领略了阿德勒的个体心理学理论思想之后，自然而然就会明白其中的原因。

追求优越，乍看起来是个积极性词语，但它其实具有两重性。它既包含着个体在自卑感的驱使和激励下，去追求更大的成就，求得自身的完美，使人的心理得到积极健康的成长这样一层含义，也包含着由于追求个人优越而忽视他人与社会的需要，从而产生“自尊情结①”，使人缺乏社会兴趣，妄自尊大这样一层含义。也正是这种消极的作用促使阿德勒在后来重新修正了追求优越的含义，并提出了“社会兴趣”的概念。这便与阿德勒的思想观点——强调人是社会性的动物，人与社会是和谐统一体——相吻合了。阿德勒在他的实践中，观察到神经症病人只会顾及自己的目的，而正常人即人格健康的人则会以对社会有益为自己的目标，这更增强了阿德勒强调社会性因素的信心。

3. 补偿作用

阿德勒认为人不是被动的，而是有意识的统一体。因此，自卑感推动着每个人去追求优越，一个人正是由于感到了自卑，他才会千方百计地去寻求补偿，设法克服自卑，

---

① 自尊情结也就是后面提到的“优越情结”，它是指个体在追求自己的优越目标时却忽视其他人和社会的需要所形成的模式。具体表现为专横跋扈、爱虚荣、言过饰非、骄傲自大、自以为是等。

来满足自己追求优越的愿望。否则他就会气馁、自甘堕落，丧失生活的勇气，甚至会患上各种心理疾病。阿德勒指出，个体的完善、生命的创造力以及人类的丰功伟绩都是补偿作用不断运动并发挥作用的结果，它激励着个体的生命运动，它是人类一切活动的基础。简而言之，个体对自卑感的对抗就叫补偿作用（compensation）。

阿德勒认为补偿作用的影响范围不仅限于生理方面，而且适用于任何一种体质上的缺陷，任何器官发育不全都会伴随着补偿作用。比如一个人的一只眼睛有问题，那么另一只眼睛就会变得异常敏锐、盲人的听觉比较发达等。本章开头提到的杰出演说家德摩斯梯尼，也是对补偿作用的有力证明。历史上还有许多著名的人物，如恺撒、亚历山大、拿破仑、罗斯福、尼采等，也都曾经克服了严重的器官缺陷，借助补偿作用不断追求优越，最终取得了超乎寻常的成功。

4. 创造性自我

创造性自我（creative self）是作为个体的人的创造性力量，它使人按照自己憧憬或假想的目标选定一定的方式建立起独特的生活风格。阿德勒认为，人类不是消极被动地接受环境影响，相反，每个人都可以自由地选择遗传因素和环境因素相互作用的影响，按照自己独特的方式将它们任意组合，当然这种组合是对自己最有利的而且是最有效的。

阿德勒的创造性自我是按照自己的创造性，建构独特的生活风格，是塑造人格中有意识的主动力量，它体现了人类的积极主动性。

5. 社会兴趣

阿德勒认为每个人都有一种关心他人与社会的潜能，关心的对象不仅包括自己的亲人、朋友，而且还可以扩展到整个人类甚至整个宇宙。阿德勒称这种潜能为社会兴趣[①] (social interest)。为了平息当时人们对他早期理论的批判，阿德勒提出了社会兴趣这一概念，这同时也是他见证了战争给人们带来的苦难之后，在深思熟虑的基础上产生的结晶。他相信人类要想过上幸福的生活，让社会处于和谐状态，避免战争悲剧的重演，就必须有意识地唤醒自身的先天潜能——社会兴趣。

在阿德勒的著作中，他提出每个人在生活中都必然要遇到三大问题：职业选择、参与社会活动和爱情及婚姻。个体能否正确完满地解决这些问题，反映了他的社会兴趣是否得到了充分的发展。在阿德勒看来，如果一个人有美满的爱情婚姻生活，非常热爱自己的职业，有一定的成就，在社会上有良好的人际关系，那么可以说这个人有着浓厚的社会兴趣。

6. 生活风格

阿德勒认为，每个人追求优越的目标是不同的，另外，由于个体所处的社会环境千差万别，所以每个人试图获得优越的方式也是大相径庭的。阿德勒把个体追求优越目标的手段与方法称为生活风格 (life style)，它标示着个体存在的独特方式，是由创造性自我发展并建立起来的。个体的生活风格一般在个体四五岁之前就已经初步形成，它是

---

① 沈德灿．精神分析心理学．杭州：浙江教育出版社，2005：208.

个体根据自己的生活经验与对外界的印象而塑造的自己所独有的特质。比如一个人的思想、价值、动机、行为等都是个体生活风格的具体体现，只要仔细观察，就会发现个体在他的思维、情感、行动中处处都表现出了自己独特而统一的生活风格。

7. 假想的目的论

所谓假想的目的论[①]（fictional finalism），说的是指导个体行为的中心目标是由个人虚构出来的，并将之作为人格的统一原则。这种假想的目的是个体为引导自己的行为而持有的自己对事情的主观解释。阿德勒认为一个人所做的一切事情都与虚构目标存在着联系。与弗洛伊德不同的是，阿德勒相信人的行动是受他对未来的各种愿望而非过去经验的激发。这些虚构的对未来的各种愿望激励着人们去完成各种事情，正常人在必要时能够摆脱假想来面对现实，而神经症患者只能固守这一假想的目标而无法自由转换到现实社会情境中来。

## 二、阿德勒理论的社会背景

任何事物的产生都不是没有原因的，当然阿德勒的个体心理学的出现也不例外。它的出现并非偶然，而是有着特定的社会历史背景。为了更好地掌握个体心理学的真谛，我们有必要先了解阿德勒的个体心理学理论产生的社会背景。

---

① 此概念的提出主要受哲学家维亨格尔（Vaihinger）哲学观点的影响，他认为个人生涯受自己想象塑造的情节的指导，以使个体生活更具有意义和组织性。

1. 社会的动荡

19 世纪末 20 世纪初，整个世界处于历史的大动荡时期，一切事物都在发生着急剧的变化。西方资本主义经济迅速发展，并开始从自由竞争阶段发展到垄断阶段，当时的物质文明空前繁荣。但在经济快速发展的同时，资本主义社会的各种社会矛盾也日益加剧，并凸显出来。各种矛盾相互交织，人民生活在水深火热之中，苦不堪言。俗话说，“乱世出英雄”。正是在这样一个矛盾重重的社会中，各种各样的社会思潮，比如无政府主义、空想社会主义以及科学社会主义等都随之涌现，积极寻求解决社会矛盾的良方。阿德勒所生活的维也纳也正饱受着这一动荡时期各种思潮的洗礼，他同当时的所有人一样，深受这些思潮的冲击与影响。

宗教，这个一向为统治阶层服务的思想工具，面对着铁的事实，它那昔日在人们心中神圣的地位早已不复存在。人们开始发问：在上帝面前人人还会平等吗？

各种社会矛盾交织，战争阴霾笼罩，在这样的社会背景下，人们开始思考：怎样认识和指导人类生活的道路，促进人类的健康发展？思考的结果五花八门，有从政治角度的、有从经济角度的、有从思想文化角度的，还有从心理学角度的，虽然思考的角度各不相同，但是目的都非常明确，那就是促进社会的和谐，人类自身的全面而健康发展，以及生活的幸福。

虽然自然科学不断地发展，其中最具代表性的是物理学、数学领域的新进展和进步，它们的发展使人类加深了对客观世界的认识，一度成为了几乎所有学科的参照标准或者准则。但是社会科学出现的新领域，让人类了解了更多关于自身的知识，新的理论不断涌现，取代旧的理论。阿德勒的个体心理学理论也正是在这样的背景下产生的千万种理论中的一种。

2. 社会科学的新发展

社会科学领域出现的新学科，如人类学、社会学和社会心理学等，认为不需用生物学和物理学的参照标准也能观察人。它们都从不同的出发点和研究层面论证着这样一种观点：人是包括他所处的环境在内的种种社会势力和社会制度的产物。他们认为人应该是社会性的动物，而不是生物学意义上的动物。这种观点以及各种各样的论证深深地影响着阿德勒，这些影响的痕迹在他的个体心理学理论体系中表现得非常鲜明。

人类学家通过研究各式各样的文化，发现弗洛伊德所假设的神经症的症状和禁忌，并不具有普遍性。他们通过跨文化研究发现，性乱伦并不都是禁忌，在某些社会制度下是被允许的。比如说，古埃及文明史人类最早文明正是没有乱伦禁忌的社会。古埃及语中姊妹和情人是同义语，直至公元二世纪亚历山大城仍有半数婚姻是姊弟兄妹相配，在古埃及这样的婚姻遍及于民间和王室。另一个乱伦的文明古国是古波斯帝国，在古波斯祆教圣典中鼓励母子婚姻，并视其具有神圣的意义。

社会学家和社会心理学家发现，人类行为与其说是由本能的生物学因素决定的，不如说是受社会因素制约的结果。因为个体是社会中的人，在其成长的过程中，行为受社会的影响与制约，遗传的行为早已被社会修正得不留一丝痕迹。



**文化影响的痕迹**

我要是问你“点头”是什么意思，你一定会不假思索地告诉我“表示同意”。是的，在中国，甚至在大多数国家，“点头”都表示同意的意思，可是在尼泊尔、斯里兰卡、有些印第安人和爱斯基摩人那里，点头代表着“不”，代表着反对。

我们更记得这样一个有点儿尴尬的笑话：美国老外夸奖一中国人的妻子“漂亮”，那位中国人为了表示谦虚竟然说“哪里哪里”，弄得老外丈二和尚摸不着头脑，又说“身材漂亮”，他还说“哪里哪里”……

像这些由于社会文化差异导致的个体行为差异的例子比比皆是。这些例子都在证实着社会学家和社会心理学家的发现，人是社会性的动物，其行为是受着社会因素制约的，在社会化的过程中，遗传行为的痕迹已经荡然无存。

面对着这些新思想、新学科的发展，弗洛伊德依然坚持性本能论，强调生物学因素在个体发展过程中的决定性作用，否认人性的历史性，否认社会、文化因素在个体发展过程中的重要影响作用，这让他的很多追随者深感失望。于是这些人便决定不再受传统观点的约束与限制，毅然背离了弗洛伊德的精神分析理论，沿着社会科学所提供的方向和路线开创了新的精神分析理论，阿德勒便是这众多背叛者中的一位，而且还是第一个公开反对弗洛伊德的精神分析理论体系的人。

舒尔茨就曾认为①，“阿德勒提出了关于人的一种更令人满意和乐观的概念。他强调社会因素的重要性……这种态度加强了已经增长着的对社会科学的兴趣，也加强了更为传统的精神分析开始重新评定研究的方向，以便使它的原则更能应用于不同的文化条件下不同的行为方面。”

3. 与弗洛伊德的分歧

阿德勒与弗洛伊德在对一些概念（力比多、潜意识等）的看法、对人的看法，以及对病因的解释与治疗方法上都可以反映出他们之间的分歧。比如，阿德勒把人看成是社会性的、能动的、有目的性的动物，而弗洛伊德则坚持泛性论的生物学观点，尤其是性本能。阿德勒与弗洛伊德在对人的看法上的分歧，可以说是个体心理学产生的根本原因。

**阿德勒与弗洛伊德的决裂**

在1911—1913年欧洲的精神分析学运动发生了两起大分裂。这两起分裂是在原先居于此学派要位的阿德勒和荣格的领导下进行的。这两起分裂运动声势浩大，追随者络绎不绝。而阿德勒似乎离精神分析更远，他完全否认弗洛伊德提出的力比多或性的重要性，把人格和神经症的形成原因，归结为人类的追求优越及弥补个体器官缺陷的目的上。

阿德勒对弗洛伊德理论观点的反对以及与弗洛伊德的分裂，对弗洛伊德的打击是巨大的。因为这次分裂不

---

① 林·施李德．情感世界——弗洛伊德 荣格 阿德勒，呼和浩特：内蒙古人民出版社，1998：453.

仅意味着组织上的分裂，而且更重要的是，它意味着弗洛伊德的基本理论体系中的一个重要观点面临着严峻的考验与致命的动摇。

两人之间经常反唇相讥。弗洛伊德称阿德勒是个侏儒，他说“我把一个侏儒变巨大了”。而阿德勒则回击说“侏儒站在一个巨人的肩膀上能让这个巨人看得更远”。

## 三、地位及评价

心理学史家墨菲盛赞阿德勒是第一个沿着社会科学方向发展心理学理论体系的人。他曾说道①：“由于阿德勒心理学中的社会科学性，中欧的马克思主义者如果在两次大战期间关心心理学，就一定倾向于阿德勒，而不是弗洛伊德和荣格。”

从一定程度上讲，阿德勒的个体心理学理论是一种社会心理学理论，因为它所关注的是人的社会性一面。它从人的整体性和能动性出发，认为每个人都有自己努力去实现的目标——克服自卑感，从卑微地位上升到优越状态。这种自卑感无论是由身体的缺陷、损伤引起的，还是由个体主观感受到的心理或社会无能感引起的都是人格发展的驱动力，它借助补偿作用来追求优越的生活目标。在补偿作用发挥作用的过程中，个体发挥自身的自由选择性以及自主能动性形成了独特的生活风格，而生活风格反过来又制约着个体为克服自卑感而进行的进一步的补偿活动。个

---

① 林·施李德．情感世界——弗洛伊德 荣格 阿德勒．呼和浩特：内蒙古人民出版社，1998：447.

体追求的优越不仅仅指个体自身的优越，还包括社会的优越，即阿德勒在晚年提出的“社会兴趣”的概念与思想。阿德勒之所以又进一步提出了社会兴趣的概念，是因为他意识到个体人格的健康发展需要建立在个体与社会的和谐状态的基础之上。

个体心理学理论体系的创立是阿德勒与弗洛伊德决裂的直接结果，是批判并发展精神分析理论的产物，是精神分析学派内部第一个反对弗洛伊德理论的心理学体系的形成，是从注重本能和个体因素的古典精神分析向注重社会和群体因素的新精神分析过渡的中介，而且阿德勒创立的个体心理学思想是后来人本主义心理学的先驱。在 1949 年，著名心理学家奥尔波特就曾预言说，我们可以预见，个体心理学在 20 世纪将迅速发展，因为唯有借助它的帮助，心理学才能符合它所研究和服务的人类本性。

阿德勒关于人性的看法以及研究方面的贡献是非常显著的。无论是在理论上还是在实践应用上，个体心理学的影响都是十分广泛的。它不仅在传统的心理治疗领域中取得了巨大的成功，而且在一定程度上改变了人们对教育，尤其是家庭教育的看法，更重要的是它扭转了整个心理学科的发展方向，以至于阿德勒被看成是与弗洛伊德、荣格齐名的杰出人物，与之并称为精神分析学早期的三位领袖人物。西方学者甚至认为阿德勒的影响并不比弗洛伊德逊色。

# 第二章　阿德勒生平

## 一、出身

19 世纪 70 年代的一个春天，一个男孩儿独自坐在维也纳郊外一幢富丽堂皇的住宅的门阶上，当他站起身的时候，我们看到了他的驼背，当他行走的时候，我们体味到了每前进一步的艰难。而他的哥哥却在不远处活蹦乱跳地玩耍。男孩儿注视着哥哥，脸上掠过与其年龄不相称的凄楚表情，而后他低下头，感觉自惭形秽。然而这个男孩儿日后成为了伟大的精神病医生与心理学家，并创立了个体心理学，将弗洛伊德的精神分析学说向前推进了一大步，对后来的很多心理学思想产生了巨大的影响。他的著作与思想影响着当时社会以及现时社会的人类，并且这种思想的影响还将持续下去。

这个男孩儿便是阿尔弗雷德·阿德勒。

阿德勒（Alfred Adler，1870—1937）是 20 世纪奥地利著名心理学家和精神病学家，是精神分析学派代表之一，也是个体心理学的创始人，同时还是公认的人本主义心理学先驱之一，是现代自我心理学之父。在精神分析学派内部，阿德勒第一个反对弗洛伊德的心理学体系，把生物学定向的本我心理学转向社会文化定向的自我心理学，这对于后来西方心理学的发展具有重要的意义。

**图 1 阿德勒**

（Alfred Adler，1870—1937）奥地利著名心理学家和精神病学家，精神分析学派的主要代表，个体心理学的创始人，现代自我心理学之父。

1. 犹太商人之后

阿德勒于 1870 年 2 月 7 日出生于奥地利首都维也纳郊区一个中产阶级犹太人家庭，并在维也纳长大。他父亲莱昂波里德是一名犹太商人，主要经营谷物生意。由于其父亲经营有方，他的家境颇为富裕，但是富裕的家境并没有给他带来快乐的童年，相反他的童年生活却是多灾多难的。

阿德勒从小因为患有软骨病而身体孱弱，行动笨拙，喉部也经常因哭叫而感觉窒息。他自己也曾说过他的童年生活笼罩着对死的恐惧和对自己的虚弱而感到的愤怒。阿德勒全家人都非常热爱艺术，尤其是音乐。他在六个兄弟姐妹中排行第三，上有一个哥哥和一个姐姐。阿德勒长得既矮又丑，童年的他身体孱弱，因为软骨病而导致背有点儿驼，身体活动不方便，一直到 4 岁才会走路。这与相貌英俊、身材魁梧的哥哥形成鲜明的对比，使得小阿德勒感觉到自惭形秽，认为自己又小又丑，样样不如别人。由于阿德勒身体孱弱，他得到了妈妈的特殊待遇，然而这一切在他的弟弟出生之后就都结束了。他回忆说："在我两岁之前，妈妈对我很宠爱，但弟弟出生后，她的注意力就转移了，我有一种被废黜的感觉。"但阿德勒与父亲相处得很好，并经常得到父亲的鼓励和支持。

2. 多难的童年

3岁时，阿德勒的弟弟去世了，当时弟弟就睡在自己身旁。阿德勒幼时在街上玩耍，还被汽车轧伤过两次，5岁时的一场遭遇几乎改变了他的一生。那年他患上了肺炎，在当今社会，肺炎也许不是什么大不了的病，可是在当时的落后社会，肺炎几乎是致命的。医生认为他快要死了，家人也都绝望了。但是几天后，阿德勒竟然奇迹般地康复了。俗话说得好，大难不死必有后福，这场病以及弟弟的突然去世，使他萌生了要当一名医生的愿望。阿德勒下定决心，要用这个生活目标去克服童年的苦恼和对死亡的恐惧，这种恐惧主要是阿德勒弟弟的去世与自己多难的童年经历对他影响的结果。所以，尽管他从小就很喜欢音乐，也对许多艺术门类有很深的造诣，但他还是坚定地选择了心理医生的职业，而他在个体心理学理论体系中的许多观点都可以追溯到他童年的这些遭遇上来。

**阿德勒的回忆①**

5岁那年我得了肺炎，家里请来了一个医生。他告诉我父亲不会再有照顾我的麻烦了，因为我已经没有活下来的希望了。我顿时浑身感到一种极其可怕的恐怖。过了几天当我康复之后，我就断然决定要成为一个医生，

① 沈德灿．精神分析心理学．杭州：浙江教育出版社，2005：159.

可以更好地抵御死亡的威胁，并要有比我的医生更高明的能力来对付死亡的威胁……自此之后，成为一个医生的决心从未离开过我。我再也不能设想自己去选择其他职业。即使艺术那么诱人，尽管我在各种音乐方面都有相当的能力，也不足以改变我所选择的道路。我坚持走下去，哪怕在我和我的目标之间还存在着复杂的众多的困难。

## 二、教育背景

阿德勒从小就受到良好的家庭教育，他们经常一家人去听音乐会，所以阿德勒也一直非常喜欢音乐，音乐可以说是他生活中重要的一部分，这也培养了他的艺术兴趣。阿德勒的父亲非常宠爱他，也对他寄予了很高的期望，希望阿德勒能在科学或者艺术方面有所成就。

### 1. 从“准鞋匠”到优等生

5 岁时阿德勒上了小学，1879 年 9 岁的阿德勒进入了弗洛伊德 14 年前读过的同一所中学。刚上中学的时候，阿德勒由于数学不好而被老师认为是差等生，老师因此看不起他，认为他不具备从事其他工作的能力，甚至建议他的父亲训练阿德勒成为一名鞋匠，并认为这才是明智之举。虽然父亲拒绝这样做，但是这件事还是刺激了好强的阿德勒，促使他努力学习，渐渐地在数学上有了很大的进步。一次偶然的机会，阿德勒解决了一道连数学老师也感觉头疼的数学题，成为了班上的优等生，这更增强了阿德勒的自信心。阿德勒后来经常提起这件事，在不无自豪的同时，也启示着人们：人的潜力是没有局限的，更不是天生注定的，只要肯去挖掘，每个人都有成功和飞跃的机会。这也是阿德勒个体心理学理论体系中的一条重要原则。

2. 实现童年梦想

中学毕业后，阿德勒以优异的学习成绩如愿以偿地进入了维也纳医学院，1888 年到 1895 年间，阿德勒在这里接受正规的医学教育，系统地学习了有关心理学、哲学的知识，并受到良好的医学训练。

1895 年，阿德勒获得了维也纳大学医学院博士学位，成为眼科和内科医生，终于实现了他童年的梦想与目标。阿德勒特别关注身体器官的自卑，认为它是驱使个体采取行动的真正动力。从维也纳医学院毕业后，他先在维也纳医学院实习了一个短暂的时间，1896 年 4 月 9 日，他应征服役，在奥地利军队的一所医院工作。

3. 师从弗洛伊德

1897—1898 年，他又回到母校进一步深造。虽然成为一名医生是阿德勒从童年就开始产生的梦想，也是他的人生目标，而且是阿德勒不懈努力才得以实现的理想，但是阿德勒并没有让自己沉醉在这一快乐之中。他越来越清楚地意识到自己的内在目标乃是揭示人性发展的奥秘。于是他很快对与生理失调有关的心理学以及神经病理学产生了兴趣，1900 年阿德勒遇见了精神病理学的权威弗洛伊德，并跟随其学习，成为当时精神病理学分析的核心成员之一。

阿德勒起先主修眼科，后来转往一般医学，最后则专攻精神科与心理治疗。在就学期间，他对无法医治的小孩疾病有特别的兴趣。阿德勒关怀普通民众，并公开评论儿

**邂逅《梦的解析》**

1900年，弗洛伊德出版了《梦的解析》一书，这本书不仅影响着荣格一个人，同时也使阿德勒受到了极大的震撼。阿德勒反复地阅读了几遍之后，写了一篇书评，公开对弗洛伊德的观点表示支持。当时弗洛伊德正遭受着各界人士的反对与批判，但阿德勒却能站出来维护他的精神分析的观点，弗洛伊德认为这不仅反映了阿德勒的卓识与远见，而且也体现出了他的勇气。这使弗洛伊德备受感动，犹如久旱逢春雨般的高兴。弗洛伊德当即寄给阿德勒一张明信片，除了表示感谢之意外，还邀请他以及另外三个人一起加入“星期三精神分析协会”讨论精神分析的问题，弗洛伊德保证说可以自由讨论各种观点，包括阿德勒自己的观点。阿德勒接受了邀请，于是便成为了精神分析学派的一员。他们的讨论促进了精神分析的发展并扩大了其影响范围，同时也扩大了阿德勒的名气和影响。

童的抚育义务、学校改革以及导致行为冲突的各种偏见。不论是演讲还是撰文，他都以简单、不带学术色彩的通俗易懂的言语直抒己见，使大众能了解与应用他的个体心理学理论。在他开设的诊所里，阿德勒开始接待有各种心理疾病的患者，他们主要来自下层社会，也有一些有名的演奏家、画家和艺人。在对他们进行治疗的过程中，阿德勒发现，这些富有创造性的杰出人士，往往是在克服了童年时身体上的一些缺陷和弱点之后，才发展了他们的才能。这一发现给阿德勒以极大的启发，而个体心理学最初的思路也即来自于此。

## 三、人生历程

### 1. 勇于挑战自我

阿德勒喜欢交友，结交各种各样的朋友，他也喜欢挑战自我，就是在孩子们的游戏中也总是试图超过他的哥哥。他的父亲鼓励他说："阿德勒，你必须不相信任何事"，意思就是说"对任何事，永远不要轻易信以为真，除非是由你自己发现的"。① 这就是告诉他，不能让眼前的困境束缚住自己，不能相信当下的困难就是人的一生，而要勇于突破，大胆地去创造自己的生活，这种坚持的信条造就了阿德勒一生的功名。

阿德勒曾自述过一件小事："我记得去往学校的小路上要经过一座公墓。每次走过公墓我都很惊恐，每走一步都觉得心惊胆战，然而当我看到其他孩子走过公墓却毫不在意时，我感到十分困惑不解，并常常因自己比别人胆小而苦恼。一天，我决定要克服这种怕死的恐惧，采用了一种使自己坚强起来的办法。我在放学时故意落在其他同学背后而间隔了一段距离，把书包放在公墓墙壁附近的草地上，然后多次地来回穿过公墓，直到我感觉到克服了恐惧为止。"从这件事上，我们可以看出阿德勒是个不甘落后的孩子，也是个勇于超越自卑的孩子。同时，他也是个很合群的孩子，与同伴玩耍时被人接受的感觉使他感到高兴和满足。

---

① 沈德灿．精神分析心理学．杭州：浙江教育出版社，2005：161.

2. 战争的伤与痛

由于第一次世界大战的爆发，阿德勒不得不中断自己的工作，于 1896 年 4 月 9 日应征入伍，在奥地利的一个军区医院救死扶伤。他曾经负责一个专治瘢疹伤寒的俄国病房，战争的残酷以及伤者的痛苦给他留下了深刻的印象。他还访问了战火中的儿童医院，那些无辜的小生命所受的痛苦让他心碎，也让他深深地思考这样的问题：人类的未来到底在哪里？战争终于结束了，他的思想也发生了重大的变化，他给个体心理学增加了一个重要的概念——社会兴趣。所谓社会兴趣也称公共意识或集体精神，是指一个人具有的为他人、为社会的自然倾向。阿德勒认为一个人有无社会兴趣，有无合作精神是心理健康与否的标志。他认为人类必须培养这一潜能，从而建立起责任感并关心同伴与社会。他认为许多生活中的失败者都是由于太专注于个人的目的和利益，而缺乏社会兴趣和对他人的关怀，是不能与他人合作造成的，因此他主张应从小就教育孩子要有合作精神，有利他意识。可见阿德勒社会兴趣概念的提出与战争是息息相关的，而这一概念提出的目的就是想通过培养人类的社会兴趣来避免战争这一历史悲剧的重演。

这一思想是个体心理学的重要转折点，它表明阿德勒对人的现实生活问题的关注，对人和他所处的社会环境的关系的关注。从人和他所处的环境中寻求解决心理障碍和培养健康心态的方法，亲切随和而实用。

阿德勒的这些想法，与思想激进的社会主义者的观点有点相似，因此遭到了学派内部一些人的反对。昔日的追随者和伙伴因观点不合弃他而去，这几乎动摇了他在学术界的地位。然而阿德勒并没有贪恋小圈子的声誉，把研究的热情倾注到了普通的百姓们平凡的生活中去反而给他带来了更大的成功。他把理论构想转向实际应用，通过实践来验证、推广并发展个体心理学的观点，甚至到后来，个体心理学在实践上的影响遍布维也纳。战后，阿德勒曾经被选为一个工人委员会的副主席，他通过工作关系结识了一些社会民主党的官员，由于社会民主党是当时的执政党，因此通过这些关系，阿德勒和他的学生成功地于维也纳的30多所国立中学建立起了个体心理学诊所。诊所主要针对儿童而建立，指导儿童解决学习与生活中所遇到的种种问题，同时也对教师工作进行指导。这些诊所在当时办得非常出色，以至后来有人认为维也纳地区在1921—1934年间青少年犯罪率的明显下降与之相关。

### 3. 与俄国留学生的婚姻

1897—1989年，阿德勒又重返母校进一步深造。在这一期间，他和来自俄国的留学生罗莎·爱因斯坦结了婚。罗莎出身于莫斯科的一个拥有特权的犹太人家庭，是个能说会道、擅长交际、也很能干的女人。但是她突出的个性和热烈的有点社会主义意味的激情与阿德勒矜持而保守的贵族气质不太一致，以致他们的婚姻最初摩擦不断。阿德勒后来在回忆录中说，男女平等这件事，说比做容易得多。但后来两人还是恩爱非常，白头到老。这大概与医学博士特有的细腻和耐心的引导有关，无论如何美满幸福的家庭对他事业的发展起了很大的帮助作用。他们共有四个孩子，三女一男，其中老二亚历山德拉和老三库尔特后来都成为了阿德勒学派的心理学家。

1899年，阿德勒在维也纳有名的布雷特公园附近开设了自己的诊所。在工作之余，阿德勒广交朋友，常到咖啡馆里和各种各样的人聊天、饮酒作乐、谈天说地，他的友善谦和、不拘小节和开朗的性格，使他和各个阶层的人都能成为朋友。在与他们交往的同时，阿德勒还在观察着他们，并了解他们的童年和主要的经历，再进行比较和分析。这正是心理学家不同于常人之处，也为他日后开创个体心理学储备了丰富的资料，并打下了坚实的基础。

4. 步入精神分析协会及分裂

1902年，由于写了一篇分析《梦的解析》的文章，阿德勒被弗洛伊德盛情邀请并加入“星期三精神分析协会”。鉴于阿德勒在这个小群体中智力最为出众，弗洛伊德对他倍加赞誉，也非常信任。

1910年，在弗洛伊德的大力推荐下，阿德勒成为著名的维也纳心理分析协会继弗洛伊德之后的第二任主席①②，并担任心理分析学刊的编辑。

这些经历使阿德勒成为精神分析学派仅次于弗洛伊德的最有影响力的人物，也为他日后创立自己的学说打下了坚实的基础。同时阿德勒对于精神分析的了解仅次于弗洛伊德，所以他对精神分析的理论观点所进行的批判与反驳

---

① 1910年4月3日弗洛伊德在给费伦齐的信中提到：“我意识到目前已是将我久已作出的决断付诸实施的时候，我将放弃维也纳小组领导人的职位，并不再发挥任何影响。我将把领导职务移交给阿德勒，这并非出于情愿，也并非是这样做更适宜，说穿了，不过是因为他是唯一的人选，于他而言，或许在其位便不得不维护我们共同的基地。”

② 徐信华．弗洛伊德传，石家庄：河北人民出版社，1998：147.

也就更有资格和说服力。

尽管阿德勒加入了精神分析学会，但他对弗洛伊德的许多观点并不是完全赞成，而是有着自己的看法，他尤其不赞成弗洛伊德对性的看法以及分析梦的方法。这使两人之间的关系在一开始就潜伏着有朝一日会破裂的危机。阿德勒从一开始就不是弗洛伊德的忠实信徒，两人之间从未建立起亲密的个人关系。正如著名心理学史家墨菲所指出的那样，阿德勒显然一开始就认为自己是弗洛伊德这位大师的年轻同事而不是弟子，而相反弗洛伊德则把阿德勒看作了自己的信徒和门生，他不能容忍他心目中的弟子对他的学说有任何的怀疑和偏离。

1907 年，阿德勒发表了《器官缺陷及其心理补偿的临床医学研究》[①]（*Study of Organ Inferiority and Psychical Compensation: A Contribution to Clinical Medicine*），论述了由身体缺陷引起的自卑感及其补偿，后来阿德勒又进一步发展了自己的观点并认为补偿作用是理论的中心思想，弗洛伊德此时已不能容忍他的观点，这也标志着他与弗洛伊德的分歧已经明显化。接下来，阿德勒连续发表三篇文章[②]，阐述他对精神分析理论中的性倾向观点的反对，强

① 此文中首次引入“自卑情结”概念。在此文中阿德勒认为自卑既可以摧毁一个人，也可以激发人的雄心，追求优越补偿自卑。文中观点日后被引入《超越自卑》一书。

② 1908 年发表论文《攻击的内驱力》，主张用一种追求的内驱力来取代弗洛伊德心理学中作为主要内驱力的性；1910 年发表论文《自卑感》和《男性的抗议》，进一步提出用作为过渡补偿的男性的抗议来取代包括价值在内的整个内驱力概念，在某种意义上来说，男性的抗议不久又被追求权力，也即追求优越所取代。

调社会因素的作用。这导致了两人矛盾的激化，最后阿德勒于 1911 年辞去协会主席之职，率领他的七个追随者退出了维也纳精神分析协会。

5. 自立家门，声名远播

与弗洛伊德决裂之后，为了和弗洛伊德所谓“正统”精神分析划清界限，阿德勒带领着那些拥护创立所谓不受弗洛伊德的教条主义原则约束的、“自由的”精神分析人，另组织了“自由心理分析学会”。鉴于“精神分析”一词已经为弗洛伊德所用，于 1912 年，他正式称自己的思想体系为“个体心理学”（individual psychology）。此后，阿德勒便致力于发展和完善自己的“个体心理学”理论体系，对人类个体的研究作出了杰出的贡献。从一定意义上说，阿德勒是人类历史上第一个深入到个人心理的最深处，以科学的态度探究人的行为的动机和原因的心理学家，他的成果与理论思想丰富了人类对自身精神世界的认识。

1914 年，阿德勒创办了《国际个体心理学杂志》。

1920 年后阿德勒任教于维也纳教育学院，并在学校系统中组织儿童指导临床活动，成立儿童指导中心。此时，阿德勒已经声名远播了，他不但在维也纳拥有众多的拥护者和追随者，更引起了全世界的注意，有许多人慕名而来，到维也纳拜师求教，阿德勒也应邀到欧洲各国讲学。

1922—1930 年，阿德勒主持召开了五次国际个体心理学会议：1926 年，阿德勒应邀到美国讲学，受到社会各界的热烈欢迎，第二年他就成为了哥伦比亚大学的客座教授。

1932 年，由于阿德勒身为犹太后裔的关系，他在奥地利的临床讲义大部分被禁止，因此阿德勒来到美国，受聘担任长岛医学院心理学教授。也正是在这一年，他出版了《超越自卑》一书，这使他声誉鹊起。20 世纪 30 年代，阿德勒已经功成名就，个体心理学的影响逐渐扩大，他的声望也如日中天。

1934 年，阿德勒决定在美国纽约定居。1935 年，他再次创办了《国际个体心理学学刊》。1937 年 5 月 28 日，阿德勒应聘赴欧洲讲学，由于他声望卓越，聘请者颇多，但他不辞辛劳，有时一天在两个城市间奔波演讲。过度的劳累使阿德勒心脏病突发，逝世于苏格兰阿伯丁市的街道上，享年 67 岁。

阿德勒非常重视心理学的应用，并把自己的理论应用于儿童教育和日常生活中。同时，他还把教师和一般民众看作传播个体心理学思想的对象，并以一种通俗易懂的方式演讲，因而大受欢迎，其声望与日俱增。

阿德勒的一生，可以说是不断地超越自卑走向成功的一生，是一个男人努力克服自卑感的优秀典范。

## 四、“战绩”与出版物

1898 年，在他毕业的第三年，阿德勒写出了第一本著作——《裁缝业工人健康手册》。在这本著作中，阿德勒指出了裁缝业工人在健康问题上所面临的危害，强调了不能孤立地考虑人的问题，而必须联系他们所处的整个环境来考虑这一原则。尽管当时阿德勒只有 28 岁，但他已经从整体的角度来研究人的问题，这对他后来的个体心理学理论思想也有很大的影响。

1899 年，阿德勒在维也纳有名的布雷特公园附近开设了自己的诊所。他的病人主要是艺术领域里的人，如画家、音乐家等。从实践中他发现，这些富有创造性的艺术家们，往往是在克服了儿时生理上的缺陷和意外事故不幸的基础上才发展出不凡的才干的。

从战地军区归来之后，阿德勒的影响力日益增加。首先由他亲自授课关于儿童心理学的临床讲义起，到 1921 年开始的从欧洲到美国游历演讲，再到 1927 年他成为了哥伦比亚大学的客座教授。他指出成长期儿童经历的重要性，早期记忆是影响一个人心理状态的重要原因。他还致力于推广社会性在人生命中扮演的重要角色，认为合作才是人一生中必须努力遵循及学习的重点。阿德勒亦由此得以成为同弗洛伊德、荣格等齐名的重要心理学家。阿德勒最重要的观点是“个人行为是否具有社会意义表现为：对于社会的责任性，工作中与旁人的联系以及是否很好地完成性别角色的扮演”。

在行医期间，阿德勒曾就公共卫生问题写过几篇文章，这是同他早期的兴趣——社会民主运动相一致的。就在这一时期，阿德勒读到了弗洛伊德的《梦的解释》一书，随即写了一篇捍卫弗洛伊德观点的论文。正是由于这一原因，1902 年受弗洛伊德邀请，阿德勒加入维也纳精神分析协会，并当选为该协会主席。

尽管如此，阿德勒与弗洛伊德之间的分歧早已存在。阿德勒反对弗洛伊德的心理玄学，主张从根本上限定力比多和压抑等概念。阿德勒称自己是根据心理学术语或者文化心理学术语来探索神经病概念的。在这一探索的过程中，他于 1907 年出版了《器官自卑及其心理补偿的临床研究》一书，扩大了从性到整个有机体的生物学基础，这时弗洛伊德还认为这是阿德勒对自己理论观点的支持。

1908 年，阿德勒又发表论文《攻击的内驱力》，主张用一种追求的内驱力来取代弗洛伊德心理学中作为主要内驱力的性；1910 年，他再次相继发表论文《自卑感》和《男性的抗议》，进一步提出用作为过度补偿的男性的抗议①（masculine protest）来取代包括价值在内的整个内驱力概念。在某种意义上说，男性的抗议不久又被追求权力，也即追求优越所取代。阿德勒认为，个体在其统一和目标的各项操作方面好像遵循着自我创造的生活规划，后来被他称为“生活风格”。内驱力、感觉、情绪、记忆、无意识等所有过程都从属于生活风格。

1912 年，阿德勒写了《神经症的形成》，奠定了个体心理学派的基础。在这本书中，他进一步强调了自卑感作为行动的驱动力的重要性，在理论和实践两个方面提出了他的主要观点，其中包括除了“社会兴趣”之外的大部分概念。此后一直到 1914 年，阿德勒不断地在《个体心理学杂志》上发表自己的观点，并开始在全国做关于生活风格和神经症人格的报告。1917 年，他又首次提出了出生顺序的观点，并用出生顺序来分析患者心理。1918 年，阿德勒提出了“社会兴趣”这一概念。社会兴趣同克服自卑感一起成为阿德勒最重要的概念，也是衡量个体心理健康的标准。

---

① 由于社会文化中妇女的地位低，这使得男性和女性从大多数人（男人和女人都一样）所具有的女性自卑感导出一种过度追求有男性化的愿望，这常常是一种非常有害的优越情结，是一种以男性的方式征服全部生活困难的意愿，即称为是男性的反抗。

20 世纪 20 年代，阿德勒对预防发生了很大的兴趣。这包括参与维也纳教育学院的儿童指导师资培训。在那里，阿德勒有了他的第一个学术职务，在公立学校他建立了众多的儿童指导中心，而成人教育课程又使他的通俗读物《了解人的本质》得以问世。

阿德勒著作本身，总结概括起来其中包括《既是医生，又是教育家》(1904)、《神经症的性格》(*The neurotic constitution*，1912)、《器官缺陷及其心理补偿的研究》(*Study of organ inferiority and its psychical compensation*，1917)、《理解人类本性》(*Understanding human nature*，1918)、《个体心理学的实践与理论》(*Practice and theory of individual psychology*，1919)、《生活的科学》(*The science of living*，1927，中译本为傅任敢译，1936)、《生活对你应有的意义》(*What life should mean to you*，1932，台湾中译本为《自卑与超越》，黄光国译，1960)、《神经症问题》(*Problems of neurosis*，1932)。阿德勒从不同的侧面论证了个体心理学的基本观点与思路。

## 五、逝世

1937 年 5 月 28 日，阿德勒在赴苏格兰的阿伯丁市做旅行讲演的途中，由于长期劳累，突发性心脏病去世，享年 67 岁。然而他所创立的个体心理学说却并没有因此而没落，被“新弗洛伊德派”学说所吸引的人继续着他的工作，后来形成了新阿德勒学派，关于这一点在以后的章节中会有详细的介绍。

对于阿德勒的死，弗洛伊德表现得极不大度。弗洛伊德甚至不理解一位朋友对阿德勒的死表现出的痛苦悲哀的心情，弗洛伊德说[①]："我无法理解你对阿德勒的同情。对于一个生长在维也纳郊外的犹太男孩来说，死于阿伯丁这本身就是前所未闻的事，也足能证明他走得有多么远了。这个世界对他曾经在对抗精神分析方面所做的贡献给予的奖赏实在是够丰富的了。"

鉴于此事，他们两人之间的分歧与矛盾也是可以想象得到的。舒尔茨曾经有一段生动的描写，叙述弗洛伊德与阿德勒关系紧张，而且一直未能和解的情况。他在《人格理论》中写道[②]：

"在 1910 年之前，阿德勒虽然身为当时维也纳精神分析协会的主席和该协会新杂志的合作编辑，但他对弗洛伊德理论的抨击却与日俱增。弗洛伊德写道："我现在和阿德勒在一起的日子恶劣透了。" 1911 年，阿德勒与精神分析断绝了一切关系，而去继续发展他自己的理论体系。弗洛伊德在他以后的年代里对阿德勒始终怀着敌意和嫉恨。他称阿德勒是个侏儒，说"我把一个侏儒变巨大了"。阿德勒回击说，侏儒站在一个巨人的肩膀上能让这个巨人看得更远。弗洛伊德则反唇相讥：这对一个侏儒而言也许是如此，但对着巨人头发里的一只虱子而言，那就另当别论了。"

从舒尔茨的这段话中我们可以看出，弗洛伊德对阿德勒的"背叛"依然耿耿于怀，心中充满了对阿德勒的怨恨

① ［美］B. R. 赫根汉著，冯增俊 何瑾译．人格心理学．北京：作家出版社，1988：89.

② 沈德灿著．精神分析心理学．杭州：浙江教育出版社，2005：165.

与轻视。但是其他人却与弗洛伊德不一样，他们表现出了对阿德勒这位巨人的尊敬与怀念之情，比如奥尔波特、勒温和马斯洛等人。马斯洛（Maslow，1968）在他的《存在主义心理学探索》一书中把阿德勒列在“第三势力”心理学家中的首位，可见阿德勒以及阿德勒的个体心理学理论对人们的影响之深远。

# 第三章　阿德勒的理论介绍

由于弗洛伊德不能容忍阿德勒的"背叛"，在某次"星期三精神分析讨论会"结束之后，在众多协会成员的"督促"下，阿德勒带领他的七个同盟者离开了精神分析协会，创立了自己的个体心理学理论体系。

个体心理学理论体系的创立是阿德勒与弗洛伊德决裂的直接结果，是批判并发展精神分析理论的产物，是精神分析学派内部第一个反对弗洛伊德理论的心理学体系的形式，是从古典精神分析向新精神分析过渡的中介。阿德勒反对弗洛伊德对力比多等生物学因素的过分强调，建立了由生物学取向的本我心理学转向以社会文化为定向的自我心理学，提出了社会兴趣理论，认为人是社会性的动物，作为社会的一员，应该对社会的和谐作出应有的贡献。由于阿德勒的个体心理学重视人的整体性和能动性，把遗传、环境和个体的创造力相结合，体现出了人们对自身积极乐观性的一面，他的观点深受人们的欢迎与喜欢。

**个体心理学思想看待"马加爵事件"**

震惊全国的马加爵案发生之后，众多媒体包括马加爵本人都把犯罪动机归结为其贫困的家庭生活背景。尔后，中国人民公安大学犯罪心理学教授李玫瑾奔赴云南，对此案进行了全面的调查，她研究了此案的所有相关材料并访问了办案人员，而且还专门为马加爵设计了心理问卷，做了心理测试，最后写出了上万字的《马加爵的犯罪心理分析报告》。

李玫瑾教授认为真正决定马加爵犯罪的心理问题，是他强烈、压抑的情绪特点，是他扭曲的人生观，还有“自我中心”的性格缺陷。同时，他的犯罪心理、犯罪方式与手段，又与他的智力水平密切相关。

对于李教授的观点，我不敢做出什么评论。但是我想从阿德勒的个体心理学理论的角度来解释“马加爵事件”，也许更为合适。

阿德勒认为人是社会性的动物，所以在认识一个人的时候应该考虑他的社会关系的前后背景。马加爵的家庭生活贫困造成了他的自卑情结，这种在家庭贫困方面的自卑感促使他采取一种补偿的手段去追求优越。一次偶然的机会，小学四年级的一位老师对他的宠爱让他体会到了优越感，于是他发奋学习，以为这样便可以弥补自己的自卑感。他不断地奋斗、努力，并始终怀着一个坚定的想法——我不应该是可怜的。这样的人所背负的包袱总是比他人更为沉重。他对自己可怜的贫困感觉到自卑，所以他要不断地在学习上追求优越，试图显示自己的优越地位。然而不管他的学习多么优越于别人，他的贫困现状仍然没有改变，依然困惑着他，依然让他感觉到自卑。这样的人总是排斥比他强的人，而与比他弱并能被他控制的人来往。我想这也正能解释李教授的疑问——为什么他不杀富人而杀的都是比他还贫困的人？虽然被杀者比他弱，但是他们并没有处在马加爵的控制中，所以自卑情结依然控制着他。在这种自卑情结的控制下，只要他没有找到有效的方法——产生社会兴趣——来克服自卑，做出杀人等一些鲁莽的行为似乎是必然的，至于被杀的对象则似乎是偶然的。被杀者只是导火索，无论是谁处在这样的位置都必然被杀。因为他的自卑情结，因为他没有产生社会兴趣，所以他对人、对生命已经很漠然，这是他连杀四人之后只求速死的原因所在，他不但对他人生命不感兴趣，甚至自己的生命对他来说都已经没有任何吸引力了。

相信如果阿德勒在世的话，如果给马加爵一次重生的机会的话，阿德勒一定会说"我来医治他"。阿德勒将会分析他的生活风格，改变他的错误生活风格，修正他在生活中的价值观念，帮助并唤醒他的社会兴趣，使他坦然面对现实，寻回生命的意义，做出新的对他人与社会有效用的正确选择。

## 一、个体心理学理论前提

心理学史家墨菲盛赞阿德勒是第一个沿着社会科学方向发展心理学理论体系的人。他认为"由于阿德勒心理学中的社会科学性，中欧的马克思主义者如果在两次世界大战期间关心心理学的话，就一定倾向于阿德勒，而不是弗洛伊德和荣格"。

舒尔茨认为，"阿德勒提出了关于人的一种更令人满意和乐观的概念。他强调社会因素的重要性……这种态度加强了已经增长着的对社会科学的兴趣，也加强了更为传统的精神分析开始重新评定研究的方向，以便使它的原则更能应用于不同的文化条件下不同的行为方面”。

从两人的评价中，可以看出阿德勒个体心理学实质上是一种社会心理学，因为它强调人的社会性和主观能动性，迎合了当时日益兴起的社会科学这一潮流，体现了积极乐观的人性观，深受社会民众的欢迎。牢牢掌握个体心理学理论前提，可以帮助我们更深刻地理解和掌握个体心理学的思想与内涵。

1. 人的自卑性

对自卑感的强调是个体心理学的特色之一。阿德勒认为人人都有一定程度的自卑，不管是身体上的缺陷，如体弱多病、行动迟缓、残疾等，还是个体自身主观上的错误态度都会使个体产生自卑感。因为婴儿在出生时，必然是处于成人的保护和照料下，在他幼小的心灵深处就已经知道成人是伟大的、无所不能的，与成人相比，自己则是渺小和无能的，要想生存，就必须依赖成人，并受控于成人。这就使婴儿在最初与人的交往中便体会到了无助与自卑。由于每个人都有一个很长的依恋期，在这个长期的依恋期中，更加重了他的自卑感，而这种自卑感就是后来各种内心冲突及与他人竞争的心理根源。这种自卑感是所有个人成就、追求优越背后的主要驱动力。它促使个体去追求优越、取得成功以便克服自卑感，然而成功之后的满足感在别人取得成功之后又荡然无存，自卑感再次袭来，再次追求优越，如此循环，永无止境。但是，自卑感不仅具有这种积极的驱力作用，而且还有消极的摧毁作用。对于自卑感的处理不当，会导致个体逃避现实，对某些事物没有任何兴趣，比如人、机构、社会标准等对他都毫无吸引力，程度轻者形成神经症之类的心理疾病，严重者会产生自杀或犯罪等一些危害社会的不良行为。

总之，阿德勒认为人人都有自卑感，但自卑感本身并不是一种变态，它只是个体在生活中面临问题和不完美时所产生的一种正常的情感体验。正确对待之，它会是我们的良师益友，成为我们做事、追求成功的绵绵动力；认识它的态度错误，则会给我们自身、他人和社会带来不可估量的危害。

2. 人的主动性

人人都存在着自卑感，为了克服这种自卑感，个体会主动采取一定的补偿手段去追求优越，这一优越感成为了个体追求的目标，使得个体为着这个人生目标不断努力进取。这一点反映了人与动物的根本不同——人不像动物那样只会对客观外界事物做出被动的反应，相反人可以自由地选择环境和遗传作用的影响，按照自己独特的方式将它们加以组合。这就能解释为什么两个人的遗传因素与生活环境很相似，而形成的人格结构和心理健康水平并不一样，甚至存在天壤之别。最典型的例子就是我们在本书导论部分提到的德摩斯梯尼的事例，他虽然天生口吃，可是在后天积极主动的刻苦练习下，他最终成为了雄辩的演说家。

可以看出，与弗洛伊德强调潜意识的决定作用不同，阿德勒强调的是意识的作用，强调个体精神的能动力量。他认为人是一种有意识的生物，人与动物的根本不同就在于人能对自己的需要、活动动机及行为有清楚的认识。他尤其强调人的未来意识——即为自己所设置的目标，对人的行为有更大的影响。他甚至认为个体具有超越自我的创造性潜能，并在其晚年提出了“创造性自我”（creative self）这一重要概念。心理学家霍尔认为这一概念是阿德勒作为一位人格理论家的最高成就。

3. 人的目的性

克服个体的自卑与低下，而采取补偿手段以上升到优越状态，这是所有个体生活目标的共同特征。然而具体到每一个个体身上，他们的生活目标则是不尽相同的，形式也千差万别，也就是说他们的生活风格是不同的。但是这些生活风格始终以个体设定的目标为中心，只有当个体为自己设定目标之后，其行为才会变得统一。阿德勒非常重视生活目标对个体的影响，他认为个体一生的成长都离不开生活目标，没有生活目标，个体就不能思考与行动，一切行为都将失去存在的意义。阿德勒相信目标可以为个体提供行动的方向，并且可以了解和预知他人行为。对个体来说，目标具有重要的指导作用和预知意义。

如果观察一棵长在山谷里的松树和一棵长在山顶上的松树，我们就会注意到它们的生长情况是截然不同的。虽然同是属于松树这一树种，但它们却具有两种不同的生活风格，松树在山谷的生长风格绝不同于在山顶的生长风格。树的生长风格即是树的个性，它依据不同的环境而“制定”自己的生长目标，进而产生自己独特的生长风格。当然，这只是个形象的比喻，树对环境的反应其实只是一种被动机械的反应，而人则不同，人是积极主动地来根据环境的变化采取行动，制定自己的生活目标，从而形成自己独特的生活风格的。

4. 人的整体性

阿德勒的个体心理学之所以称为个体心理学就是因为它强调人的不可分割性，即整体性。他强调人是一个不可分割的生物有机体，人的心理也是一个整体，不能分解为各个单一的元素，人的各个组成部分都是为了一个共同的目的而主动地合作。这里的整体性具有两层含义：不仅个体是不可分割的，而且人与其所处的社会环境也是统一的整体，更加不可分割。这也是阿德勒晚年提出"社会兴趣"这一概念的理由之所在。

19 世纪生物科学思想的不断进步使人们认识到，生命现象不可能仅仅用物理学和化学的原理就能解释清楚，机械论①和还原论②在解释生命现象的运动规律时存在自身的缺陷。每个生命机体都是一种统一体，而人作为一种社会性的生命机体，作为生物界发展最高的形态，其存在与发展也都表现出了这种整体性。阿德勒在这些进步思想的影响下，强调人与社会的统一性，认为人是一个与他人及社会和谐相处、追求人类社会幸福的人。由此看来，阿德勒的个体心理学与弗洛伊德强调生物本能因素的心理学是截然不同的，更与物质还原论的心理学相区别，它是一种倾向社会目的论的心理学，带有社会心理学的特征与倾向。

## 二、个体心理学理论与思想

前面我们介绍了阿德勒的个体心理学理论前提，掌握

---

① 机械论是指世间万物的一切运动变化都是机械性的活动，不具有任何目的性。

② 还原论是指将事物经过分析简化为最基本的元素，进而来了解整体事物的本质的方法。

了这一理论前提，也就抓住了个体心理学理论思想的精髓，有助于我们更好地理解和把握个体心理学的理论与思想。

1. 人格动力学理论

与弗洛伊德强调性驱力的观点相对立，阿德勒在其个体心理学体系中则以社会文化为取向。他认为社会的价值观念、人的社会性才是个体行为的动力之所在，因此他采用“自卑感”、“补偿作用”、“侵犯驱力”与“男性的反抗”以及“追求优越”等概念来描述人类行为的动力特征。

阿德勒在 1907 年发表的一篇名为《器官缺陷及其生理补偿》的文章中指出，存在身体缺陷的个体往往会产生自卑感，他必须通过发展有缺陷的器官或全力发展其他器官的功能来对这种缺陷进行补偿。1910 年前后，他又发表了关于“自卑感”和作为自卑感补偿的“男性的反抗”的文章，对他之前的自卑感进行了进一步的补充和完善。他认为，每个人一出生就带有了一定程度的自卑感，原因就在于儿童要依赖成人，并且受控于成人。与成人的伟大和无所不能相比，儿童感觉到了自己的渺小和孱弱，于是就会产生自卑感。为了克服这种自卑感，儿童就要使用先天的“侵犯驱力”（aggressive drive）来寻求补偿，以便使自己的人格在文化和适应中获得变化与发展。后来阿德勒从侵犯驱力这一概念中又发展出了“男性的反抗”（masculine protest）这一概念。就是说儿童只有当具有更多的男性品质时，才能使自己更有权利，更加能够克服自卑感，以及具有更多的优越感。由于受当时社会文化条件的影响，阿德勒认为自卑感带有女性的品质，并且认为虚弱、懦怯、顺从等都是女性品质，而任何形式的不受禁令约束的攻击、敏捷、能力、权利以及勇敢、自由、侵犯和残暴等都是男性应该具有的品质。

后来，阿德勒系统发展了自卑感的观点，认为不仅身体的缺陷能够引起个体的自卑，而且个体主观体验到的不完满和无助感都会产生自卑感。个体会在自卑感的驱使下，采取一定的手段来补偿这种缺陷与自卑，追求优越，在短暂的优越感过来之后又会感觉自卑，并继续追求优越，如此周而复始，不断循环。

总之，阿德勒认为自卑感和追求优越是人生的主要推动力与动力。

**自卑感**

自卑感的内涵　自卑感就是个体在面对着自身的器官缺陷或者面对外界困难情境时，所产生的一种无力感和无助感，个体会表现得无所适从，甚至对自身已经具备的条件或者表现失望和不满，这样的情感体验就是自卑感(feeling of inferiority)。按照阿德勒的理论，自卑感并不是变态的，而是人类的一种普遍现象和正常情感体验。

自卑感的形成过程　个体心理学强调自卑感，这是其理论体系的重要特色之一。无论是在其他学派还是在人们的现实生活中，自卑感这一名词已经流传甚广。既然阿德勒认为每个人都有不同程度的自卑感，那么自卑感到底是如何形成的呢？按照阿德勒的理论观点，他认为自卑感在个体幼年时期就已经形成。因为人类的婴儿是非常软弱的，他们对成人有一个很长的依附期，在这个依附期里他们需要成人的照顾和保护，比如他们饿了想吃食物、渴了需要喝水、尿布湿了需要换洗……这些都需要有成人的帮助才能完成。在婴儿的眼里，成人是伟大的和无所不能的，于是他们感觉到了自己是那么软弱和无助，认为自己是无能的，于是便产生了自卑感。

**阿德勒"自卑感"内涵的演变①**

最初，"自卑"的概念主要是适用于生理机能上的。阿德勒认为，儿童在生理上的缺陷常常会引起主观上的自卑感，它带有柔弱、服从、依附的品质，让这种自卑感发展下去，就属于女性或弱者。面对自卑的反抗就属于男性的品质，诸如侵犯性、勇敢、自由、充满活力等。他认为，人类普遍有重男轻女的现象，这使男女两性都从自卑感中反弹出过度地追求男性化的倾向，希望以男性的方式征服世界和表现自我。

不久，阿德勒进一步扩大了自卑感的外延，它不仅指人生理上的缺陷，也包括了人们从对现实的社会和生活产生的种种不完满与不理想中产生的自卑感，即社会自卑感或心理自卑感。比如一个出身低贱或者家境贫寒的人可能会有社会自卑感，一个总认为自己不够聪明或不够漂亮的人可能会有自卑心理。

**自卑感的作用**

自卑感本身并不是变态的，相反它是人类的一种普遍现象，而且是一种正常现象。所以自卑感的存在，对于个体的发展同样存在两种作用——积极的推动作用和消极的毁灭作用。从积极作用来看，个体在自卑感的推动作用下，必然要努力克服自卑感，追求优越的地位，补偿自卑，提

① ［奥地利］阿德勒著，刘泗编译．超越自卑．北京：经济日报出版社，1995：11.

升自我，并且在提升的过程中要产生对社会的兴趣，这才是积极健康而有效的补偿手段。比如，一名体弱多病的儿童，当有人问他，你长大了想成为什么人的时候回答说“我想当一名医生”。这一目标就是在追求优越的过程中，通过对社会产生兴趣而为社会服务的形式来达到的。相反，缺乏社会兴趣的追求优越则是一种无益的补偿方式。这些缺乏社会兴趣的个体往往组成了问题儿童、罪犯、精神错乱者以及酒鬼的圈子。比如同样一个体弱多病的儿童，当有人问他，你长大了想成为什么人的时候回答说“我想成为一个刽子手”。这就是缺乏社会兴趣的表现，虽然他希望自己能够补偿自己的不足，克服自卑，但目标却是成为一个操纵生死大权的人。自卑感不但会在这种推动作用下产生消极的影响作用，而且还会使个体在不知不觉中养成逃避现实的坏习惯，甚至导致对他人、社会的敌视态度，在这种情况下自卑感便转变为了自卑情结——面对问题时无所适从，它是个体精神生活中长久潜伏的暗流与旋涡，阻碍着个体人格的健康发展。而自卑情结的表现形式也是千差万别，比如愤怒、眼泪或道歉都可能是自卑情结的表现。

阿德勒一直强调自卑感本身并不是一种变态，它只是人类在生活中面临无法解决的问题时，感觉到自身的不足，感觉到自己并不是无所不能的一种无助的情感体验。它是人类自身地位不断增进的驱动力，不仅对个体自身的发展有益，也对社会自身的进步有利，因为正是自卑感的存在，个体才会不断地努力去克服自卑感，追求优越，进而推动整个人类社会的进步和发展。人类面对着神秘的自然界和浩瀚的宇宙，他们感觉到了自己的渺小与无知，感觉到了预测未来的需求，所以他们需要追求优越，使科学得以迅速发展，以利于人类更好地应对所处的环境并更好地生存。在阿德勒看来，人类的全部文化都是以自卑感为基础的。

自卑情结　我们每个人都有不同程度的自卑感，因为我们往往会发现我们所处的位置还需要加以改进。如果我们能一直保持着勇气，便能通过直接、实际的方法改进我们所处的环境，摆脱自卑感。我们谁也不能长期忍受着自卑感带来的痛苦，人类自身正是通过这样的思维，进而采取一定的行动来解除自身自卑感所产生的紧张状态。但是一旦一个人开始气馁了，不再认为脚踏实地的努力可以改变他所处的环境，但又无法忍受自卑感所带来的痛苦，他还是有要摆脱自卑感的需求和愿望的，只是在这种情况下他采取的方式是无效且无益的。在这种情况下他不是设法克服自卑感这一人生发展的障碍，而是把自己的目标凌驾于困难之上，用一种优越感来陶醉自己，甚至麻木自己。相应地他的自卑感也就会越积越多，因为造成他自卑感的情境没有改变，问题仍然存在，他所采取的任何一种方法都会将他导入自欺之中，而日渐增加的压力也会逼迫着他。

如果我们不努力对这样的人做深刻的了解，只是看看他的动作与行为，也许我们会认为他是漫无目的的。这样的人留给我们的印象就是：不改进其所处的环境。我们看到的表面现象就是：他也像其他人一样全力以赴要使自己优越，超过别人，但是他不愿意改变其所处的环境，他的举动让人感觉不可思议，无法理解。比如说当他觉得自己软弱时，他不是通过锻炼的形式来使自己变得强壮，而是跑到能够使他感觉强壮的环境中去寻求庇护。就像我们前面提到的“我想成为刽子手”的体弱多病的儿童一样，他要以这种无益的方式来提升自己的权利和重要性。但是真正的自卑感依然原封未动，继而变成他精神生活中长久潜伏的暗流和旋涡，这时自卑感就转变为了自卑情结（inferiority complex）。它是一个人在面对问题时无所适从的表现。自卑情结的表现形式多种多样，它可以是一种愤怒的表情，也可以是水性的力量——眼泪，或者是一个道歉等。

从上面的叙述中，我们可以看出自卑情结是以个体的自卑感为核心的，随着个体自卑感的不断积压，最终个体在面对问题时不愿意采取有效的解决办法——改变造成自身自卑感的环境，而是采取无益的文饰作用来企图粉饰自己的自卑感，而结果往往只能是使自己更加自卑。

**补偿作用**

补偿作用的定义　按照阿德勒的看法，个体对自卑感的对抗就是补偿作用，它是推动个体去追求优越目标的基本动力。阿德勒认为人不是消极被动的，而是有意识的统一体。在自卑感的推动下，个体会去追求优越，并会千方百计地去寻求克服自卑的手段，设法克服自卑感，来满足自己追求优越感的愿望。否则他就会气馁、自甘堕落、丧失生活的勇气，甚至会患上各种心理疾病。阿德勒指出，个体的完善、生命的创造力以及人类的伟大都是补偿作用不断运动并发挥作用的结果，它激励着个体的生命运动，是人类一切活动的基础。

补偿的手段　阿德勒在其个体心理学中一直强调人的整体性，认为人是作为一个整体而进行活动的，所以说个体的补偿作用存在着下列两种手段：第一种，就是个体在本身存在缺陷的器官上进行训练并使其功能得以发挥和实现。最有说服力的例子就是本书导论开头中提到的德摩斯梯尼，他天生口吃，嗓音微弱，还有耸肩的坏习惯。在常人看来，他似乎没有一点儿当演说家的天赋，因为在当时的雅典，一名出色的演说家必须声音洪亮、发音清晰、姿势优美、富有雄辩。但是，他却通过自己的努力，刻苦训练自己的口舌，终于成为了杰出的演说家。第二种，就是置自身的器官缺陷而不顾，努力发展其他器官的技能，进而克服自身器官缺陷对自己发展造成的影响。比如，手臂残疾者，可以以脚代手，脚指头活动异常灵活。

**以脚代手答完考卷 无臂少年高考成绩 639 分①**

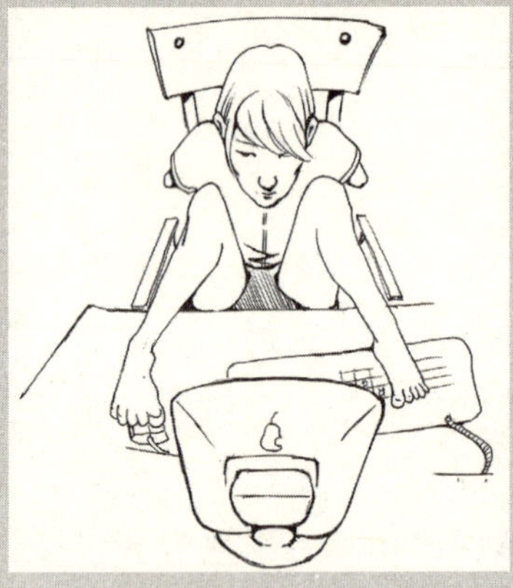

在今年宁波宁海的高考考场，有这样一位考生，他坐在一张特殊的考桌上，用脚夹着笔答完了全部高考试卷。

高考成绩出来了，他考出了理科 639 分的好成绩，高出重点线 34 分。

他叫屠欢杰，宁海中学的高三学生，小时候不幸失去了双臂。

① 何春中，时报驻宁波记者；朱锦华 通讯员；陈云松 青年时报，浙江在线 2009 年 7 月 15 日讯。

刷牙、吃饭、穿衣、写字、钓鱼……屠欢杰的双脚几乎“无所不能”。

**三次截肢失去双臂**

小屠是宁海西店人。因为一次意外，他永远失去了双臂。

11年前的一个上午，刚上小学一年级的屠欢杰吃过早饭，和几个小伙伴来到户外，一起玩飞碟。

后来，飞碟掉到了一台变压器上，还不太懂事的小屠，爬上了变压器……

高压电流当即击昏了小屠。后来小屠先后接受了三次双臂截肢手术，才保住了性命。

**用脚写字整整学了半年**

……

**脚趾打字速度一点不逊常人**

……

**将来想自办企业**

**补偿的类型** 为了克服自身的自卑感，对其进行补偿，每个个体都会努力追求优越。这种追求优越即进行补偿也存在两种类型。第一种类型是成功的补偿，这种补偿的功效是现实而有效的。比如罗斯福、亚历山大、尼采、海伦·凯勒、德摩斯梯尼等之类的人，阿德勒经常采用德摩斯梯尼的例子。阿德勒认为，作为雄辩演说家的德摩斯梯尼，他从存在口吃的那一刻起，强烈的自卑感就已经存在了，而自卑感引起了他追求优越地位的愿望。除了这种成功的补偿之外，另一种补偿是失败的补偿。在许多精神失常的患者身上，这种失败的补偿表现得尤为突出。比如在学校里，有个小男孩是班上最懒惰的学生，功课当然也很糟糕。一次老师问他："你的功课为什么总是这么糟呢?"他回答道："如果我是班上最懒的学生，你就会一直关注我。你从不会注意好学生的，他们在班上又不捣乱，功课又做得好，你怎么会注意他们呢?"这个孩子感觉到了自己的不足，于是产生了自卑感，但是他采取克服自卑感的补偿手段却是无益的，导致他产生自卑感的原因依然存在，他自身的条件也依然没有提高和得以锻炼。另一个例子，当一个孩子在学校的数学成绩总是赶不上别人，或者作业总是做不好时，他就会找一种冠冕堂皇的理由，来克服在这方面所产生的自卑感。比如他会患上偏头痛之类的疾病，这种头痛对他来说非常有用，它能免去他人对他数学不好或作业做不好的责备。假如心理治疗者采用一些方法治疗了他的偏头痛，但是只要他的目标不变，不去改变他所处的环境，他就还会再生出失眠症等之类的新的疾病。

**过度补偿** 由于个体生来就具有自卑感，而又无法长期忍受这种自卑感带来的痛苦，所以个体总是寻求着克服自卑的方法与手段，若在这种过程中个体对其自身缺陷表现得过于敏感，行为上过于争强好胜，甚至付出了过度夸张的努力，那么就称为过度补偿（over-compensation）。过度补偿的具体表现就是把个体具有的缺点或弱势完全变为自己的优点或强势。过度补偿和补偿作用一样，都具有双重功效，一方面是克服自卑感，取得更大的成就；另一方面是矫枉过正，适得其反。阿德勒认为这种过度补偿是神经症的根源，因为它很容易让人脱离现实生活，采取一种不真实的态度来应付三大人生问题，扭曲生活的意义，使自己陷入权势与孤立的境地。尽管过度补偿存在这样一层消极的含义，但是在个体克服自卑感，追求优越的过程中，过度补偿还是与补偿作用一道发挥着不可忽视的重要作用。

**追求优越**

追求优越的定义　阿德勒认为每个人都有自己的目标定向，总是想克服自卑感，从自卑的低下状态上升到优越状态，总是尽量避免失败，渴望成功，总是在羡慕别人的同时，又会想胜过或超过别人、征服别人，这些人生的主导动机就是追求优越（striving for superiority），后来阿德勒把追求个人优越修改为追求一种优越而完美的社会。

早在1908年的时候，阿德勒就相信攻击性是所有动机的动力，不久之后又将其改名为“男性的反抗”，指追求支配别人的一种权利意志。1912年，他发现用“男性的反抗”来解释正常人的动机不合适，于是便用“追求优越”对该概念进行了替代，并以此作为一种核心的动力学力量。

阿德勒认为，每个人包括正常人和神经症患者，都有追求优越的倾向，追求优越是个体天生的潜能，换句话说它是生命过程中的一部分，是一种追求与驱力。

在阿德勒看来，追求优越和自卑感就如同一切正常的情感一样是一种自然互补的关系。如果个体感觉不到其目前状况的某种欠缺，他们就不会去追求优越和成功。追求优越是个体寻求的一种目标，包含着对成就、满足、完美等的追求，是一种内在的驱动力，是一切个体和文化进步的基础，个体对优越这一目标的追求是永无止境的。从本质上来看，追求优越构成了个体的思想和精神。它是个体天生而具有的，是个体生活中的一个重要部分，从出生到死亡，它伴随着个体的每一个发展阶段。

**阿德勒论述**[1]

我开始在每一心理现象中清楚地看到对优越的寻求。它与身体的生长并列地发展着，它是生命自身的一种固有的需要……我们所有的机能都朝着这个方向前进，无论是正确的或是错误的，它们总是为了征服、安全、增长而斗争。从负到正的冲动永不停止。从低级向高级的欲求永无休止。哲学家和心理学家无论构想出什么样的前提——自我保存、快乐原则、追求平等，所有这一切，虽然表达得不清楚，但都是力图表现这种巨大的上进的内驱力……这正是我们思想的基本范畴，是我们基本的推理结构……也是我们生命的基本事实。(Adler，1930)

追求优越的方法　阿德勒认为个体在追求优越的过程中，主要有两种方法。一种是追求个体的优越的方法，这是一种病态的、无效的、于生活无益的方法；另一种则是追求社会兴趣，使每个个体都获得成功的方法，这是心理健康者的行为表现，是有效的、于生活有益的方法。阿德勒指出，追求个体优越的人很少或根本不关心他人与社会，其行为目标是受过度夸张的自卑感驱使的。比如小偷、骗子、罪犯、神经症等均属于这一类人。也有很多人把追求个体优越用表面的关心社会隐藏起来，给人制造一种关心别人的假象，阿德勒认为这是一种追求个体优越的病态表现。心理健康者是不会追求个体利益的，其追求的是全人

① 沈德灿．精神分析心理学．杭州：浙江教育出版社，2005：198.

类的幸福与整个社会的和谐。他们的行为是受社会兴趣驱使的，往往帮助别人而不求索取，他们的个人成功不是以牺牲别人或社会的利益为代价的，而是一种朝向社会完善的倾向。虽然说追求优越的个体也有一种自我感，但是他是从社会发展的角度而不是从个人利益角度来处理人生问题的。他的个人价值感和优越感与其对人类社会的奉献是密切联系的，对他来说，社会的进步比个人利益更为重要。

人生三大问题　每个人的生命线都有三种重要的联系，以及由此所引出的三大人生问题：社交、工作和爱情及婚姻。既然追求优越是个体天生具有的，那么在这三大问题上，追求优越也是随处可见的，并且这三大问题处理的好坏也反映了个体发展的健康程度。

我们每一个人来到这个世界上后，最先遇到的问题就是与他人的相处问题，即社交问题。比如说婴儿与父母的关系问题、与同伴的关系问题、与街坊邻居的关系问题。我们每个个体都具有自身的脆弱性和种种限制，使得我们个体无法单独达到自己的目标。这一点在婴儿时期表现得最为明显，婴儿的孱弱，使他无法独立，他的一切行为都需要在成人的关心和帮助下才能完成，甚至他的生命都掌握在成人的手中，生命要想继续下去并得到很好的发展，他必须学会和成人相处，他要知道何时能撒娇、何时能任性。即使婴儿长大成人，他依然要学会与人相处，他不能变得孤独、不能被社会隔离、不能隐居于林，不然在面临艰难困境之时，就很容易会束手无策，很容易被击倒。此时，个体生命就会受到死亡的威胁，而人类自身也会遭受灭亡之灾。在与他人交往的过程中，我们最大的目标就是学习和他人进行合作，无论采取的方式是顺从还是言不由衷，目的只有一个——赢得他人的尊敬和配合，获取生命延续的有利条件。幼年时期对社交问题的顺应便是其将来应付其他社交问题的原型。

个体在成人之后，在依旧面临着伴随其一生的社交问题的同时，另一个新的问题也出现了，那就是工作问题。个体这时会关心能否找到工作，以及工作的好坏、工作能否与自己的愿望相符合，这些成为了个体此阶段所关心的问题，也正是个体追求优越的体现与反映。在阿德勒的个体心理学理论体系中，工作不仅仅指为了个体的发展和优越地位的取得而进行的活动，而且指为了全人类的幸福生活而进行的职业活动，由此也可以看出阿德勒时刻不忘记社会兴趣在个体以及人类进步与发展上的重要作用。个体职业活动的一个很大决定因素就是个体在家庭成员、尤其是母亲的影响下以及在学校教育的培养下形成的职业兴趣。阿德勒认为，在个体生命的最初四五年间所接受的母亲的训练，对个体在成年后的生活活动起着决定性的作用。在个体入学以后，学校也增加了对儿童未来职业的注意，开始有意识地训练他们的眼、耳、手等功能的协调技巧，这一训练和一般知识与技能的传授是同等重要的。在后来的实践中，阿德勒发现，从儿童早期开始的这种训练是行之有效的，尤其是在天才儿童身上更是体现得淋漓尽致。但是也不排除有些人采取无效的途径——逃避工作——达到其“追求优越”的目标。这些人不愿意工作，总是恳求别人的资助，消耗别人的劳动成果，自身对人类社会没有丝毫的贡献，或者说这类人压根就对人类共同的目标——追求社会的和谐，对人类的幸福不感兴趣和漠不关心。

人生面临的第三个大问题就是婚姻问题。人类社会自从产生就存在着两种性别，这就意味着每一个男人和女人都要面对着爱情与婚姻的问题，而不能避而不答，因为生命要延续，种族要保存。在阿德勒看来，爱情和婚姻都是对异性伴侣最亲密的奉献，它表现在心心相印以及生育后代的共同愿望中。阿德勒强调在爱情和婚姻中合作的重要性，认为合作不仅是为了婚姻双方的幸福，也是为了人类的幸福，这种合作也就是个体追求优越的结果和体现。在这种特殊的合作工作中——爱情和婚姻，要伴侣处于从属地位是不可能，两人必须处于平等的地位，只有关心对方更甚于关心自己，对伴侣的兴趣高于对自己的兴趣，才是两人之间真正的平等，而且是爱情和婚姻成功的唯一基础。在这种成功的爱情和婚姻中，个体真实地感觉到了伴侣对自己的需要，以及自己存在的价值，个体才会体会到优越感，这也正是个体一生追求优越目标的一种体现。

这三大人生问题之所以成为人生问题，是因为它们会贯穿个体的一生。三大问题联系紧密，任何一个问题处理不当，都会引起其他问题的不良反应。它们是牵一发而动全身的关系，三大问题的妥善处理也正是个体追求优越的结果，而且是带有社会兴趣的追求，否则就是无效和无益的追求。

优越情结　阿德勒认为个体追求优越本身是有益的，但若过分强调自身的优越，就容易形成优越情结。阿德勒认为优越情结是个体追求优越时的一种夸张状态，实际上它是个体对自卑感的一种文饰的表现。这样看来很多不良行为和犯罪行为就是优越情结导致的直接结果。阿德勒举过这样一个例子，一个具有优越情结的问题儿童，他骄傲自大，性格十分好斗，总是想表现得比他本来的样子更伟大一些。我们都知道脾气大的儿童常常通过突然袭击而达到控制他人的目的。为什么他这样迫不及待呢？因为他并不相信自己强壮得足以达到自己的目标，实际上他是感觉到了自卑。在斗殴中，我们总会在那些很好斗的儿童身上发现一个自卑情结和一种要克服这种自卑情结的欲望。这就好比个子比较矮的人，总是千方百计地踮起脚尖来获取自己的成功和优越感。也就是说，这种具有优越情结的个体，所具有的让他感到优越的自身条件并不一定是真实存在的，有可能是他假想出来的，是个体的一种自我麻痹或自我欺骗，这种人所采取的行为方式只是一种为了掩饰自卑感而采用的防御策略。

总之，具有优越情结的人之所以要想方设法地表现出自己的优越感，主要还是为了掩饰自己的缺点，麻痹自己的自卑感。这种人往往比较自负自夸，永远都不会承认自己是自卑的，相反，他们能感觉到的只有优越。这也正如我们前面所说，自卑情结和优越情结并不是两种相互对立的倾向，而是自然互补的关系，所以它们同时存在一个人的身上一点也不矛盾。

假想的目的论　所谓假想的目的论（fictional finalism），说的是指导个体行为的中心目标是个人虚构出来的，并由个人将之作为人格的统一原则。阿德勒的这一思想主要是受哲学家维亨格尔[①]（Hans Vaihinger）观点的影响。维亨格尔提出了“虚构主义”的概念，认为人都是依靠一些现实社会中并不存在的虚构的目标而生活。虽然这些目

---

① 维亨格尔是康德哲学协会的创始人，于阿德勒与弗洛伊德分裂的同年，即1911年发表了重要著作《“虚构”的哲学》。

标都是人们虚构的，但它们深刻地影响着人们的思想，并指导着人们的行动，对个体解决生活中的问题有很大的帮助。所以阿德勒吸收了维亨格尔的这一观点，认为人的行为也是受到其自身假想或虚构的目标的牵引。他说："一个人所做的每一件事都与最终的虚构目标相联系。"具有假想的目标的人，他们的经典口头禅是"如果……就……"。比如我们在日常生活中经常听到这样的话，"如果我中了百万大奖，我就会非常幸福!""如果我具有人脉，我就能找到好工作!""如果我考上了北大，我就能更好地施展我的才能。"等等，这些个体的假设和假想是个体追求优越的一种主观观念的体现和表达，也是个体为之奋斗的目标。很明显阿德勒重视的是个体未来的发展，这就使阿德勒摆脱了弗洛伊德的生物决定论的影响。同时阿德勒也没有忽视个体早期经验、所处环境对个体发展的影响。

从阿德勒的假想的目的论来看，阿德勒非常强调目标对个体的重要指导和预知作用。他认为人的一切行为都是有目的的。虽然当具体到每个人身上时，目标是各异的。但是人类有一个共性的目标，那就是追求优越。这种优越包含着完美的发展、成就、满足和自我实现。人类的一个共同目标就是追求人类社会的和谐，人类自身的幸福。而且，阿德勒认为根据个体对假想的目标的适应情况，可以区分出健康的人和精神病患者。他认为健康的人会随着环境的具体情况和变化来适当地调整自己的假想目标，回归到现实中来，而精神病患者却不会转变他们的假想目标，只能固执地坚守着一个目标，满足于虚假的幻想之中，尤其是那些缺乏勇气的人更是如此。这些人在假想中进行自我陶醉、自我欺骗，因为他们并非生活中的强者，所以要绕道而行。通过这种方法他们会感觉到自己比实际上更强些，然而实质上他们依然不是强者，因为他们选择的这个道路是无效的，对他们要解决的问题是无益的。

前面介绍过，追求优越实际上是个体为了克服自卑感，实现自己的优越地位而做的补偿与努力。关于自卑感与追求优越两者之间的关系，我们可以从阿德勒的动机等级图中得到了解，见图 3-1。

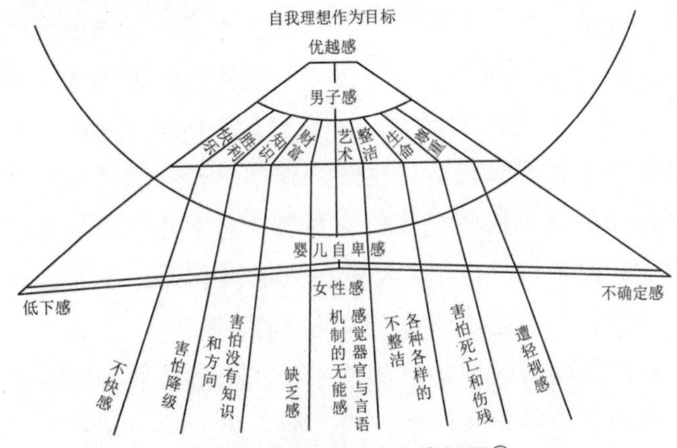


**图 3-1　阿德勒的动机等级图**①

从阿德勒的这幅动机等级图中可以看出，阿德勒认为个体在低下感和不确定感的支配下，必然体验到自卑感。为了克服这种自卑感，个体就必须要努力对其进行补偿，达到优越。只有这样个体才能摆脱自卑感，体验到优越感和幸福感。克服一次自卑感，个体就会体验到一次短暂的优越感，继而又产生新的自卑感，再次促进个体向更高一层的优越目标奋斗。在自卑感和优越感的不断推拉中，个体逐渐地由卑下上升到优越的位置，达到个体完美的发展

① 沈德灿．精神分析心理学，杭州：浙江教育出版社，2005：197.

状态，体验优越感。

2. 生活风格理论

**生活风格的定义**

生活风格（life style）就是个体为了克服自身的自卑感，进而追求优越所采取的具有个体独特性的方法与方式。阿德勒认为每个人都具有不同程度的自卑感，而且是从一出生就已经具有了，所以个体的整个生活都在不断地克服这种自卑感，进而达到优越状态，提高个体的价值感、安全感和优越感。可以说这是所有个体所要追求的生活目标，但是由于个体所处的环境千差万别，具体到每一个个体身上时，他们所采取的方法与方式则不尽相同，所以就形成了不同的具有个体特色的生活风格。它是个体行为中表现出来的动机、特质、兴趣、价值观等的复合体，是表示个体在社会中存在的独特方式。个体的生活风格通常能在个体的人格、人格的统一体、个体性、面对问题的方法、希望对社会作出贡献的愿望等方面中表现出来。

**生活风格的形成**

同弗洛伊德重视儿童早期经验相似，阿德勒同样强调了儿童时代初期对个体形成生活风格的重要影响。他认为，生活风格大多形成于儿童时代早期，即四岁或五岁之前。每个个体用于对付困境的方法和策略，在生活中不断加以总结、归纳和概括，而后逐渐固定下来，形成一套特殊的行为方式，用于补偿他的真正的和想象的自卑感。

前面我们提到过每一个个体都会为了克服自卑感而追求优越，这是人类所具有的共同目标特性，但是具体到每一个个体身上时，不同的个体会根据其体验到的自卑感和所处的生活环境的具体特点，为自己设定一个具体的目标。比如一个小孩子在生活中发现母亲是最强者，那么他就可能深受影响，并把母亲设为自己的目标，对其行为进行模仿；如果他为自己设定的目标是一个警察，那么他会像警察一样行事并表现出自己与警察相一致的风格。这样的具体目标一旦确立——赋予了一个具体的形式，那么成熟个性的某种原型[①]（prototype）或者模式，也即以后的生活风格就开始发展起来了。当然在以后的生活经历中随着新的经验的产生，也会对生活风格进行润色，但是其基本结构此时已经定型。

个体形成什么样的生活风格主要取决于个体的生活环境，包括家庭环境、学校环境和社会环境。

家庭环境对个体生活风格形成的影响主要体现在我们前面所说的儿童在四五岁之前初步形成生活风格的阶段。这种家庭环境主要包括，家庭的社会地位（是高还是低）、经济状况（是富裕还是入不敷出）、家庭结构（是单亲家庭、核心家庭还是主干家庭）、儿童在家庭中的处境（是被娇纵溺爱还是被忽视）、兄弟姐妹的多少（是独生子女还是有兄弟姐妹）以及家庭氛围（指家庭成员之间的和睦状况）等。比如说，如果父亲是警察，孩子通常会表现出律师或法官的雄心和行为方式来；假如父亲是医生，孩子则可能表现出医生行事的方式。又比如说，父亲的脾气暴躁，会使女儿形成一种排斥男人的生活风格，在其将来与异性的相处中采取一种排斥与拒绝的方式；同样的，因母亲严厉

---

① 原型是个体早期在四五岁之前初步形成的风格，是生活风格的早期模式。

而倍感压抑的男孩则会排斥女人，在以后的社交、工作以及婚姻中会采取排斥女性的方式。比如说，贫穷家庭的子女，虽然表面上争强好胜，傲视一切，但在他的心灵深处，依然存在着强烈的自卑感，这也正是我们前面提到的起文饰作用的优越情结在作祟。还有老大则会多疑，而次子则表现得争强好胜。当然在儿童生活风格初步形成的阶段，除了这些家庭因素会对其造成影响之外，儿童所处的周围邻里特点以及感觉到的压力也会对其形成产生一定的影响。

阿德勒认为在儿童生命的最初四五年里，个体会为了克服与生俱来的自卑，而充分利用遗传所得来的有利条件和环境提供的帮助，努力构建自己追求优越的有利方法与方式，并在追求优越的过程中不断修正，逐渐使之固定下来。在生命的第五年里，个体的生活风格也就初步形成。

当儿童到了入学的年龄，他就会离开家庭来到学校。在这种新的环境中，先前形成的生活风格也许并不适宜运用到学校。比如那些从小在家庭生活中经常被忽视的儿童，他们不知爱与合作为何物。在他们面对同伴和老师时，面对着学校生活中遇到的问题时，总是把困难夸大化，而低估自己解决问题的能力以及同伴和老师的善意帮助。因为家庭成员对其冷漠，所以他们错以为整个社会都是冷漠的，他不知道自己能采取有效的行为方式来为自己赢得感情与尊重。所以，他们不但怀疑自己，更怀疑别人，以致他们不善于与同伴交往，更无视合作的存在。这时，在个体生活风格的校正和发展中，学校教育就显得尤为重要了。阿德勒认为老师更能了解学生的心理，更容易发现他们在家庭生活中形成的不良生活风格，这与后来阿德勒重视对教师的培训有着密切的关系。在学校里，个体良好的生活风格得以更好地发展和持续，不良生活风格得以校正，它是个体生活风格的第二个发展阶段。

无论是在家庭生活中还是在学校教育中形成的生活风格，都是为了个体进入社会后更好、更有效地适应社会生活——工作。前面我们提到过，这是个体要面临的三大人生问题之一。所从事的工作，也许是个体感兴趣的领域，也许个体感觉并不满意。但是阿德勒认为无论满意与否，个体只有追求符合人类一般利益的优越感，即与社会兴趣相联系，才是有效的，否则不管对个体本身是多么具有优越性，都是无益的，也是无效的。

**理解生活风格的三种主要途径**

阿德勒认为“个体心理学”就是以分析个体的生活风格形成的原因为己任的。所以他概括了分析理解个体生活风格的三种主要途径。

出生顺序　阿德勒认为，出生在同一个家庭的儿童，虽然生活的外界环境具有很大程度上的相似性，但是由于出生的先后顺序不同，他们所形成的对生活的看法和人格也是各异的。例如，老大在生命刚开始的一段时间里，接受着大量的关怀与宠爱，处于家庭的中心地位。随着其他孩子的出生，自己这种优越的地位也就突然丧失，这种情况对自己来说是一次失败与挫折，会形成他以后害怕竞争的生活风格，经常眷顾过去，对未来黯然神伤，在未来的生活中喜欢搬弄权势，强调规则和纪律的重要性；次子在出生之时，就面对着一个比自己优越强壮的人，这会激发其斗志，使其表现得争强好胜，具有强烈的反抗性，总是企图超越别人、征服别人；最小的孩子则备受宠爱，形成娇生惯养的个性特点，以自我为中心，遇到问题总是依赖他人的帮助，总是雄心勃勃却又缺乏勇气，而且比较懒惰。

早期记忆　对个体早期记忆进行分析，这也许是发现个体生活风格的最重要的方法。通过回顾童年早期的记忆，可以比其他方法更为行之有效地将原型这一生活风格的核心揭露出来，它像一面镜子一样非常清晰地反映出个体的性格特点以及个体的生活风格。阿德勒认为，因为个体生活风格是一个人在追求某一独特的优越目标的奋斗过程中形成的，所以在一般情况下，它是不会发生变化的，个体总是保持着同一种个性，永远是同一个统一体。而且个体的回忆不一定是真实发生过的，它带有个体的主观选择性和创造性，甚至带有想象的虚构成分，这就更能看出个体的兴趣所在，以及其追求优越的目标。因此，个体的每一句话、每一行动以及每一个情感等个体行为都受到个体生活风格的影响，通过对个体早期记忆的分析，可以发现个体所采取的追求优越的方法与方式，即个体的生活风格。关于这一点，从下面专栏中的例子就可以看出来。

### 关于早期记忆的例子①

一个50岁的男人到医生那里去诉苦说，每当他陪同别人横过街道时，他总是极度害怕他们俩都会被汽车撞上。但当他一个人独自过街道时，却从未出现过这种恐惧，并且还非常的神情自若。因而在他和别人一起过马路时，他便总是想救这个人，他会抓住同伴的手臂，一会儿将他推向左，一会儿将他推向右，结果倒是惹恼了人家。

---

① [奥地利]阿德勒著，苏克、周晓琪译．生活的科学．北京：三联书店出版社，1987：83～84.

当问起他的早期记忆时，他说在3岁的时候，他走路走不好，并患有软骨病（佝偻），曾两次在过街时被汽车撞到。现在他已经是成人了，所以，向人证明他已经克服了这一弱点，对他来说是十分重要的。可以说，他是想显示自己是唯一能穿过街道的人。无论何时，只要与别人一道走路，他总要找机会来证实这一点。

**梦的解释** 阿德勒的个体心理学是一种整体心理学，强调人的整体性，因此他认为意识和无意识[①]共同构成了一个统一体。所以潜意识梦境也是由优越目标所决定的，一个梦往往是个体生活风格的一部分，并反映了个体生活风格。通过对梦的分析，我们能揭示个体所追求的优越目标，进而发现个体的生活风格特点。在分析梦的过程中，你只需记住一点：梦的目的始终是为个体所追求的优越目标——即个人私有的优越目标——铺平道路的，梦的目的既无逻辑性也没有表现出真实性，它只是为了给个体制造某种感觉、情绪和情感。阿德勒为了论述这一点，举过这么两个例子：一个临近考试的学生，之前是个一事无成的学生。因而他整日焦虑不安，不能集中心思，最后他对自己说："时间太短了。"他想推迟考试，在这种情况下，他的梦注定是关于摔倒之类的梦。这表达出了他的生活风格，为了达到他的目标，为了给自己带来安慰的情绪，他必须做这样的梦。而另一个学习优异的学生，他信心十足。他会梦见自己爬上一座高山，陶醉于从山顶所见的景色。这

---

① 无意识在阿德勒的理论中的内涵是指潜意识的意思，所以书中其他地方均已被潜意识取代。

是他生活风格所决定的，表达了他要有所建树的目标与愿望。



**生活风格的性质**

阿德勒认为生活风格按照性质划分，可以分为两个类型：健康的生活风格和错误的生活风格。阿德勒把追求完美——与社会利益相结合称为健康的生活风格（healthy style of life）。健康的生活风格不仅仅是追求个人自身的优越，而且还要求与他人和谐相处，对社会发展具有贡献意义。而那些为了逃避生活中遇到的问题仅仅追求个人的优越，建立在自私基础之上的生活风格则是错误的生活风格（mistaken style of life）。错误的生活风格与社会目标相抵触，不利于社会的和谐、人类的幸福，比如酗酒、自杀、犯罪等都是错误的生活风格的体现。阿德勒还根据个体所具有的社会兴趣的程度，把个体划分为四种类型：统治—支配型（Ruling-Dominant Type），这个类型的人倾向于支配和统治他人；索取—依赖型（Getting-Leaning Type），这种类型的人希望从他人那里获得一切，并尽力从他人那里索取一切他所索取的东西；回避型（Avoiding Type），这种类型的人是通过回避问题来达到在人生中取胜的目的，他们总是以碌碌无为的方式来避免失败；社会利益型（Socially useful Type），这种类型的人正视问题，试图以一种有益于社会的方式来解决问题。前三种类型的人的生活风格就是错误的生活风格，因为它们均缺乏社会兴趣，只有最后一种类型是健康的生活风格。

后来阿德勒的儿子，科特·阿德勒总结出了个体生活风格的形成及发展与人生追求目标的密切关系图，从图中我们能清晰地看出它们之间的发展变化关系，见图 3-2。

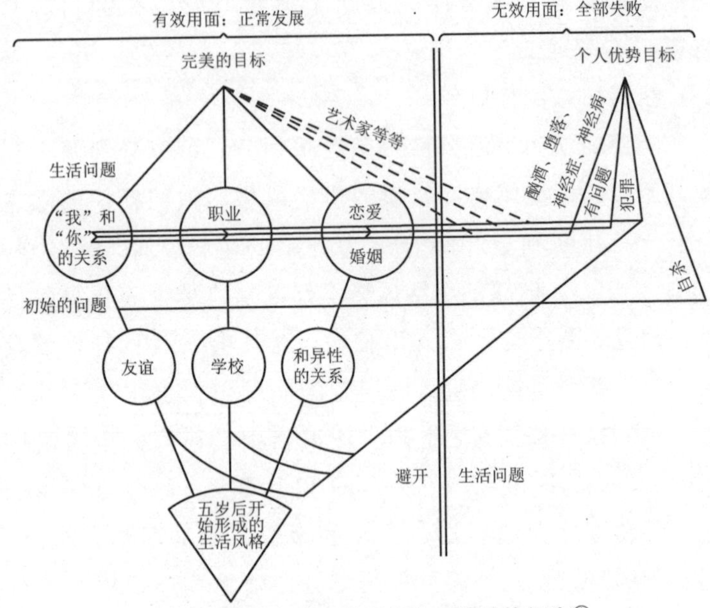


**图 3-2　人类有效用的行为和无效用的行为**①

从图上可以看出，图形的左边显示的是个体五岁后形成的生活风格。在完美目标——符合社会一般利益——的引导下，个体就能够顺利解决三大人生问题，最终达到完美的目标，在这种有效的正常发展模式下形成的就是健康的生活风格。图形的右边，个体选择避开问题，只追求对社会无益的个体优越目标，其结果注定是要失败的，在这种情况下形成的则是错误的生活风格。但是个体生活风格的形成并不是这样简单的划分，在健康的生活风格和错误的生活风格形成之间往往经历着种种曲折，有可能从无效用的一面转向有效用的一面，从而对社会和谐、人类幸福起到贡献作用；也可能从有效用的一面突然转向了无效用

① 沈德灿．精神分析心理学，杭州：浙江教育出版社，2005：206.

的一面，于社会无益，产生种种失败。

**生活风格的作用**

阿德勒认为个体的生活风格是个体在追求优越的过程中形成的产物，所以它可以反映个体所追求的优越目标以及在此过程中形成的独特个性，同时它也制约着个体进一步追求优越的具体行动。因而从个体的生活风格中，我们可以了解到个体的过去、现在和将来，预知个体的行为特点以及面对问题时采取的行为方式。

阿德勒认为个体的生活风格是个体为了克服自卑感而追求优越感的手段与产物，所以个体的生活风格带有鲜明的个体独特性。它包含着个体独特的一套行为模式，个体借助于这种行为模式来对自卑感进行补偿，而且这种行为模式为个体今后解决所面临的问题提供了行为准则。从这一点来看，阿德勒的个体心理学中关于生活风格的思想对20世纪60年代凯利（George Alexander Kelly，1905—1967）个体建构论的提出产生了很大的影响。凯利认为每个人都在创造自己的构念——解释世界的方式——来应付现实世界，这一过程就是个体建构（个体构念）（personal construct）的过程。凯利认为，个体的构念是其用于预测事件的主要工具，并且这种构念系统是在个体与现实的交互作用下，不断建立、巩固、修正和发展的产物。对比两人的观点，不难发现，虽然两人的侧重点不同——凯利强调的是个体的认知方式，而阿德勒强调的是个体的行为方式，但是两者都强调了作为个体的人所具有的自主性和能动性，都勾画出了个体人的积极乐观图画。

3. 个体发展理论

我们前面介绍过，阿德勒认为每个人都具有自卑感，而这种自卑感拥有两个方面的来源：个体器官缺陷所引起的自卑感和个体在社会环境中面临压力和挫折而主观产生的自卑感。个体的自卑感又会反作用于个体，对个体的发展具有重要影响作用。

**遗传与环境**

由个体产生自卑感的来源可以看出，自卑感虽然影响着个体的发展，但是影响个体发展的最终因素却是个体具有的遗传因素和个体所处的环境因素。阿德勒认为遗传因素是影响个体精神发展的因素之一。因为个体的器官缺陷会使个体产生自卑感，进而形成心理补偿的倾向，但也可能形成与之相反的一面——自卑情结。并且每个人出生时都带有不同的遗传特征与遗传潜能，它对个体的心理发展存在一定的影响作用。显而易见，阿德勒承认遗传因素对个体发展的影响作用，但是这种遗传因素的作用还要在后天环境的压力下才会得以充分发挥。在阿德勒看来，个体天生的器官缺陷和外部环境的要求之间是相互联系的，它们相互作用共同引起了个体的自卑感，使个体处于紧张状态，并且成为个体注意的焦点。但是个体所处的外部环境是会发生变化的，相应地外部世界的要求也会随着发生变化，所以遗传因素和环境因素在个体的发展中只是提供了可能性和客观条件，其中，遗传因素提供了个体发展的可能性，而环境因素则为个体发展提供了现实客观条件。

可以看出阿德勒虽然承认每个人生来就具有独特的遗传特质和不同的潜能，但是却反对过分夸大遗传等先天因素的作用，认为在人的发展过程中，强调的重点不应该是个体生而具有的天赋，而是这些天赋在个体后来的生活中起了什么作用。为此，阿德勒还提出了“活动程度”（degree of activity)，指的是个体活动的范围和形式。阿德勒认为“活动程度”是影响个体心理发展的形式和水平。每个个体在奋斗的过程中都会表现出不同的力量、勇气、气质、自我约束力和冲动性。阿德勒认为个体的活动程度是儿童在早期生活中经过任意创造而形成的，一旦形成就会影响个体一生的发展。活动程度不仅在一定程度上反映了遗传特质，而且可以与社会兴趣相结合，对个体的整个生活与发展起着制约作用。

虽然在个体的发展过程中，遗传因素和环境因素都发挥了一定的作用，但是它们毕竟只是为个体的发展提供了可能性和客观条件。因为即使具有相同的遗传因素，并生活在相同的环境中，个体形成的性格也不尽相同。因为个体具有主动性，每个个体都会自由并带有创造性地选择适合自己发展的活动方式。所以阿德勒进而又提出了“创造性自我”的概念。

**创造性自我**

阿德勒认为创造性自我（creative self）会促使个体按照自己选定的方式，自由地选择对自己最有效用的生活风格，并形成独特的人格特点。可以说个体的生活风格是由创造性自我形成的，个体根据遗传与环境中得来的经验积极地建构自己的生活风格。所以阿德勒认为个体通过创造性自我控制自身的生活、自己的行为和生活目标，它决定着达到目标的方法和社会兴趣的发展。

我们前面在个体心理学理论的前提中提到，阿德勒强调人的主动性，他认为人类不是被动地接受环境和遗传的简单影响作用，而是按照自己独特的方式自由地选择环境与遗传作用的影响。阿德勒指出，我们可以把遗传因素和环境作用比作建构个体发展的砖和水泥，但是建构设计却反映了个体的风格。因此在个体的发展过程中，最重要的不在于个体从遗传和环境中得到了多少，而在于个体是如何使用这些材料的。阿德勒就明确说过，重要的事情不在于个体拥有哪些天赋，而在于个体运用这些天赋做什么。

这也正能解释为什么两个遗传因素相似而环境又几乎相同的两个人，其性格并不相同的现象。这同样能解释为什么同样具有器官缺陷的人，有些可以成为对社会有用的人，甚至成为伟人，比如英国科学家阿斯蒂芬·霍金(Stephen Hawking)。他生于1942年，是当代享有盛誉的杰出学者，被称为在世的最伟大的科学家之一。但是在大学学习后期，他开始患上“肌肉萎缩性脊髓侧索硬化症”(简称ALS，运动神经元疾病)，导致半身不遂，不能发音。表达他的思想唯一的工具就是一台电脑声音合成器。他用仅能活动的几个手指操纵一个特制的鼠标器在电脑屏幕上选择字母、单词来造句，然后通过电脑播放声音。通常制造一个句子需要五六分钟，为了合成一个小时的录音演讲他需要准备10天。霍金就是在这样的情况下不断努力，最终成为国际著名数学家、理论物理学家、英国剑桥大学应用数学和理论物理学系终身教授。而有些人则一蹶不振，自甘堕落，甚至成为危害他人与社会的人。这样的人，在我们的社会中也随处可见。最常见的是大街上的部分乞讨者，虽说他们身体残疾，也没有危害他人与社会，但是他们却是他人与社会的负担。一个本来双腿截肢但手指灵活的人，开始学做修锁配钥匙的行当，收入还是非常可观的。但由于他看到别的乞讨者轻易乞讨到的钱比自己辛苦一天挣得的钱还要多时，他也沦为了乞讨者，这难道不是一种自甘堕落吗？在阿德勒看来，这就是创造性自我所带来的差别，而且这种差别是巨大的。

阿德勒晚年提出的这个概念——创造性自我，深深影响了一大批当代人本主义心理学家，比如奥尔波特、罗杰斯、马斯洛和罗洛·梅都是在他的这一概念影响下，阐述自己的自我概念的。而且有人认为，阿德勒的创造性自我的概念是他的理论的顶点。

4. 社会兴趣理论

**社会兴趣产生的背景**

社会兴趣这一概念是阿德勒晚年①才提出来的。此概念的提出与阿德勒本人的人生经历以及思想转变存在着很大的关系。在他的早期理论中，他强调侵犯驱力、男性的反抗、权力意志、追求优越等具有个体自私性的概念，遭到了人们的严厉批评，这使他不得不改变方向，重视人的社会性。同时，在一战爆发期间，阿德勒应征入伍，成为当时的一名军区医生。亲眼目睹战争给人类带来的危害与痛苦，受到很大的震撼。于是在战争结束后，他经常思索人类命运的走向，认为人类要想幸福，社会想要达到和谐，就要避免战争，而前提条件就是个体必需发展出社会兴趣这一个体先天就具有的潜能。阿德勒认为一个人有无社会兴趣，有无合作精神是心理健康与否的标志。他认为许多生活中的失败者都是由于太专注于个人的目的和利益，而缺乏社会兴趣和对他人的关怀，不能与他人合作造成的，因此他主张从小就教育孩子要有合作精神，有利他意识。

---

① 社会兴趣的概念是阿德勒在第一次世界大战结束之后于1918年提出的。

因此在阿德勒的后期研究中，他把个体和社会亲密地联系起来。他认为，人并非单纯的生物，而是一种社会性的动物，所以人的存在不仅仅是为了自己，也是为了他人和社会。在他看来个体都生活在“意义场”之中，个体对现实的感受，是经过意义解释之后的产物。虽然个体对现实的解释总是带有主观的色彩和个体性，但是较好的意义总是具有一定的共同性的，即能够为别人所分享，并且是别人认为有效的意义。因此，在阿德勒看来，个体的生活意义不是为个体的优越而奋斗，而是为人类社会的和谐、人类生活的幸福而奋斗，也即对人类全体发生兴趣。

这一思想是阿德勒的个体心理学理论体系的重要转折点，它表明了阿德勒对人的现实生活问题的关注，对人及其所处的社会环境的关系的关注。并且从人所处的环境中寻求破除心理障碍和培养健康心态的方法，亲切随和而实用。

**社会兴趣的定义**

阿德勒认为每个人都生而具有一种关注他人与社会的潜能，个体关注的对象不仅包括自己的亲戚和朋友，还包括整个人类社会，甚至整个宇宙。阿德勒把个体具有的这种潜能称为社会兴趣（social interest）。社会兴趣的存在形式虽然有很多，比如合作，认同等，但是它的终极意义却都是个体追求优越，真正是为了达到社会的和谐与完美和人类生活幸福。社会兴趣的存在不仅为个体生活风格的形成以及个体优越目标的实现提供了方向作用，而且是个体健康发展以及社会和谐完美的保障。

## 社会兴趣的例子

从前，有两个兄弟共同拥有一个农场。他们中的一个有妻子以及五个孩子，另一个则是单身汉。农场内的碎石土质和干旱使得两兄弟的生活非常艰难，但他们一直均分收成。

一天晚上，成了家的那个兄弟睡不着觉，反复地想两人之间的分成是否公平，辗转反侧了一夜。他想："我兄弟没有成家也没有孩子，到老了都没有人照顾，他需要比一半更多的收成。明天我要向他提出给他三分之二的收成。那样才是公平的。"同时，另一个兄弟也彻夜未眠，他也在想："我兄弟有妻子和五个孩子要养，他们对农场付出的劳动也比我多。他应该得到比一半更多的收成。明天我要向他提出给他三分之二的收成。这样才够公平。"

第二天，这两个兄弟见面后，各自说出了他们认为公平的打算。这只是社会兴趣在起着作用的一个正面例子而已，与之相类似的例子以及相反的例子，当然还有很多。阿德勒有一个他自称为"14天治愈计划"的方案，就是解决缺乏社会兴趣的极好方法。他宣称，只要完全按照他的要求去做，他就能够在14天之内治愈任何有心理疾患的人。一天，一个极度抑郁的妇女来找阿德勒。他告诉她："如果你遵从我的建议，我可以在14天之内治愈你的抑郁症。"

她蔫蔫地问答："你要我干什么？"

阿德勒回答："你每天为别人做一件事，并坚持14天，你的抑郁症就会消失。"

她反对道："凭什么我要为别人做事？从来没有人为我做事。"

阿德勒打趣道："哎哟，那你可能需要21天了。"他接着补充道："如果你实在想不出愿意为别人做的事，那就想想看，假如你有心情去做的话，可以做些什么吧。"阿德勒知道，哪怕她仅仅是想想能为别人做些什么，她就已经走上改善之路了。

**社会兴趣的内涵**

阿德勒提出的社会兴趣的概念的内涵非常广泛，具有多种表现形式，比如帮助他人脱离困难情境、个体具有的"只求奉献，不求索取"的情操、富有理解和同情别人的思想感情的能力等，但无论社会兴趣的表现形式如何多样，总的来看，社会兴趣主要包含着两个层面的意思。

第一层面意义就是，阿德勒认为社会兴趣是个体的一种生而有之的潜能，而不是个体的本能。在阿德勒看来，虽然个体的社会兴趣作为一种先天的潜能，非常微弱，只有在适宜的社会环境中才能顺利发展，并得以稳固和成熟，但是社会兴趣对个体及整个人类社会的重要作用都是显而易见的。这一点在下面涉及的社会兴趣的意义中还会具体讲到。

社会兴趣虽然是个体具有的一种先天潜能，但是要真正地发挥其应有的作用还需依靠后天的培养和发展。在对个体的社会兴趣的培养和发展过程中，家庭教育起着非常重要的作用，尤其是母亲的作用非常关键。母亲的教子方法是否成功，直接影响到孩子这种先天潜能的发展。母亲在与孩子的感情交流中，不但要使孩子对自己感兴趣，还要让他对父亲以及其他人，甚至对整个社会产生兴趣，只有这样，孩子的社会兴趣才能健康地发展。如果这个母亲只专心使孩子对自己感兴趣，那么在将来的生活中他会憎恶所有想使他对别人产生兴趣的人，并对一切人、事物毫无兴趣。阿德勒认为父亲是个体家庭环境中的第二重要人物，他必须对妻子、工作和社会保持良好的态度，同时还要与孩子保持良好的合作和爱护关系。只有避免情感分离和父亲权威的双重错误的父亲才是合格而成功的父亲，否则任由这两种错误的发展，孩子会产生情感漠视、神经症和对母亲的神经症依恋的生活风格。

第二层面的意义就是，阿德勒这里所指的社会兴趣，不仅仅是字面上的社会兴趣，这种兴趣的对象不仅仅包括人所处的社会，同时也包括一切联结，一切与人相联系的对象。社会兴趣不仅仅指个体对当下他人与社会的兴趣，更重要的是指个体对未来理想社会——终极完美的社会——的兴趣。

**社会兴趣的意义**

由于阿德勒的社会兴趣概念具有上述两个层面上的含义，所以说社会兴趣不是对个体的束缚和压抑，而是对个体的促进与推动。

阿德勒认为人类生活在“意义”的领域之中，所体验的不是单纯的环境，而是环境对人的重要性。个体的经验也是以目的来对所有事物进行衡量的，并以赋予现实的意义来感受它。

那么生活的意义是什么？我们人类又为什么而活？

阿德勒认为每个人都有自己的“生活意义”，他的姿势、态度、动作、表情、习惯等都遵循着这个“生活意义”。生活的意义因人而异，并且每一种生活意义都包含正确与错误的成分，绝对的正确或绝对的错误是不存在的。每个人的生命线都有三个重要的联系，人类的现实由这些联系构成，所面临的问题也由这些联系造成，每个人都要不断地回答这些问题，并从中表现出自己的生活意义。

**生命中的三种联系**

首先人类居住在地球这个贫瘠的星球表面，并依靠其提供的资源得以生存。人类的所有行为都必须保证个体的身体和心灵以及人类未来的顺利发展。人类时刻要铭记“我们属于人类”“人类居住于地球”“地球资源有限”等事实。

其次地球上并非只有一个成员，这就意味着每个人都要和他人发生联系。为了自己、人类的幸福，我们相互之间要发生联系。个体的脆弱性和种种限制使得个体无法单独实现自己的目标。依靠个人的力量，无法保护自己的生命，也无法使人类种族得以延续。因此个体感觉到有必要同他人结合起来，与他人产生联系。可以说，社会兴趣是人类社会进步的必要条件，是人类生存所必不可缺少的。我们时刻要记住：在我们居住的地球上我们需要和同伴合作来延续生命。

最后就是男女两性之间的联系，爱情和婚姻都属于这一联系。既然人类存在两种性别，我们就不能对这一联系与问题避而不答，并且人类生命的延续必须依靠这样一种联系。

阿德勒认为，每个人都要面对三大人生问题，而这三大问题实际上是同一种情境、同一个问题的不同层面，这个问题就是：人类必须在自己所处的环境中保存并延续生命。而保存和延续生命的关键就是对他人的信任与合作以及社会兴趣的产生。阿德勒认为那些能够成功地应付三大人生问题的人，已经认识到了生活的意义就是对同伴发生兴趣、个体作为团体的一分子，要为人类幸福贡献一份力量，即奉献、对他人发生兴趣并合作。这也正是社会兴趣的导向和最终结果。如果个体在社会生活中，缺少了社会兴趣，就会形成错误的生活意义，成为一个失败者，诸如神经病患者、精神病患者、酗酒者、罪犯、问题少年、自杀者等，这些人的生活意义不是建立在社会兴趣的基础之上的，而只是停留在自身，关注的焦点永远是自己，属于个人自私的意义，所以是错误的无效的生活意义。

阿德勒进一步指出了容易造成错误生活意义的三种情况，因为个体在这三种情况中都没有形成良好的社会兴趣，最终导致了个体成为生活的失败者。

第一种情况是，婴儿期患病，或者由于先天因素而导致身体器官缺陷的儿童。这类儿童由于自身具有的这些缺陷，往往会形成自卑感。虽然说器官的缺陷并不会强迫个体采取错误的生活模式，但是如果个体对这些器官缺陷的认识和处理不当，就会导致他们成为生活的失败者。他们只会关心自己，处处拿自己和别人进行比较，而后感觉气馁。他们的心灵承受着沉重的负担，很难体会奉献的生活意义。

第二种情况是，经常受娇宠的儿童。这类儿童在娇宠中长大，多会形成自我中心的个性，在他们看来别人都应该服务于自己，因为自己是天子骄子。由于他们一直被训练为只取不舍的人，而从来不知道如何解决问题，他们唯一知道的就是索取别人的帮助。这类人一旦进入一个不是以他为中心的情境，他就会觉得世界亏待了他。这时他很可能采取暗中破坏或公开反叛等暴力行为施行报复，成为社会中危险的群体。他们的生活意义就是独占鳌头，并借机取得心中想要的每件东西。这类人显然不知道合作、奉献为何物，自然缺乏社会兴趣。

第三种情况是，被忽视的儿童。阿德勒认为个体生而具有与人交往合作的潜能，但是这类儿童在初次与人的交往中——与母亲感情沟通——就遭遇了失败，因为母亲忽视了他。那么他在以后的生活中便不知道爱与合作是什么，他们总是怀疑别人对自己帮助的善意，把困难夸大化而低估自己应付困难的能力，他们认为社会曾经对他们很冷漠，并将永远都是冷漠的。这样的儿童生活孤单，当然也不善于与人交往，无视合作的存在。

这三种情境中，个体都没有形成良好的社会兴趣，很容易使人将错误的生活意义赋予生活。在这些情境中长大的儿童几乎都需要一定的帮助来修正他们对待生活的态度，提高他们的社会兴趣，重新寻找生活的意义。

综合起来看阿德勒的个体心理学理论，归纳他提出的影响个体发展的诸多因素，可以看出，个体先天而来的遗传因素为个体的发展提供了可能性；个体生活所处的环境为个体发展提供了现实性；社会兴趣决定了个体发展的方向与品质；活动程度提供了个体发展的力度水平；创造性自我则把这些因素重新组合，指向终极目标。显而易见，遗传因素、环境因素、社会兴趣和活动程度都属于客观因素，而只有创造性自我是主观因素。客观因素只有在主观因素的带领下，才能发挥出它们的作用，而主观因素的发挥则要建立在客观因素的基础之上，可见两者相辅相成，在个体发展的过程中是一个不可分割的整体，这也正是阿德勒强调人的整体性观点的体现。



## 三、阿德勒与弗洛伊德两者理论之间的分歧

应该说阿德勒的个体心理学是阿德勒评判并发展弗洛伊德的精神分析理论的产物，是对其的修正与完善。但是弗洛伊德并不这样认为，在他看来阿德勒的做法是一种公然的“背叛”，他不能容忍阿德勒对自己理论与观点的修正与批判，以致两人经常反唇相讥，不肯承认两者之间在理论与思想上具有某种联系。

阿德勒与弗洛伊德的决裂并不是精神分析内部的权利之争，这一点我们从弗洛伊德让阿德勒担任精神分析协会主席一职这件事中看出，决裂的原因主要在于两人在研究立场、研究方向和研究途径上的相互对立，同时也是时代发展的潮流驱动。对比阿德勒和弗洛伊德两个人之间的理论思想，不难发现，既然个体心理学是阿德勒批判、继承与发展弗洛伊德精神分析理论的结果，那么两者之间必然存在着一定的分歧，最经常被提到的是阿德勒反对弗洛伊德的性学说，以及不赞成弗洛伊德对梦的解释方法，具体来说这些分歧主要体现在以下几点：

1. 对意识与潜意识的看法不同

弗洛伊德认为，精神生活包括两个方面：意识的部分和无意识的部分。他断言：“精神过程本身都是无意识的，而有意识的精神过程不过是一些孤立的动作和整个精神生活的局部。”在弗洛伊德看来，无意识的精神活动要比有意识的精神活动重要得多。意识过程在人的全部精神活动中

不过是极小的一部分而已，而无意识则在人的精神活动过程中占据着重要的支配地位。关于这一点，弗洛伊德还有个经典的比喻——冰山之喻：大海中的冰山，浮在水面上的部分是能够被人看见的，但却只是整个冰山的一小部分，而藏在水面以下的部分才是冰山的大部分。在弗洛伊德看来，精神生活的意识部分就相当于浮在海面的冰山一样，而无意识就像藏在海面下的大部分冰山，占据着精神生活的主要位置，它是人类行为的原动力。后来弗洛伊德把无意识划分为前意识和潜意识两个部分。前意识是人们能够从无意识中回忆起来的经验，而潜意识包括原始的本能冲动以及与本能冲动有关的欲望，尤其是性的欲望。潜意识是弗洛伊德精神分析的核心概念，被认为在人的心理过程中占据着重要的支配地位。

与弗洛伊德强调潜意识作用不同，阿德勒坚决强调意识的重要作用。阿德勒强调人的主观能动性，认为人是一种有意识的生物，人与动物不同，能对自己的需要及活动目标有一个清晰的认识，在生活、学习和工作，能够知道自己的长处与不足，能够充分发挥并利用自己的长处，并不断努力改进自己的不足，这些都是个体在意识的指导下进行和完成的。弗洛伊德强调处在个体潜意识中的过去经历对个体的重要影响作用，在这方面最经典的电影就是《爱德华大夫》——假爱德华因为儿童时期在一次玩耍中误杀了弟弟而一直负疚，后来甚至断定自己是谋害爱德华大夫的凶手；而阿德勒则更强调未来意识①，即个体为自己

① 未来意识是指个体为自己设定的目标，它对个体的行为有更大的影响。

设定的生活目标，认为它对于个体行为具有重要的指导和预知作用。

阿德勒在一定程度上还是接受了弗洛伊德的看法，承认无意识的存在，但是他认为无意识只是本人不明确而意识到的，不理解的心理作用。他不认为儿童时期的欲望会长期不变，并且到成年之后又来作祟。相反，他认为是童年时期养成的错误的生活风格使个体不能解决自己所面临的三大人生问题，以致引发神经症。

2. 自我与本我孰轻孰重

弗洛伊德在其晚年时期修正了他先前的“二部人格结构”说，在无意识概念的基础上提出了“三部人格结构”说，即本我（self）、自我（ego）和超我（superego）。弗洛伊德认为，本我是人格中与生俱来的最原始的潜意识结构部分，是人格形成的基础。它由先天的本能、基本欲望所组成，诸如饥渴、性等，其中以性本能为主。本我遵照快乐原则行事，是人格深层的基础和人类活动的内驱力。弗洛伊德形容它为“巨大的深渊，一口充满沸腾刺激的大锅”。自我是从本我中分化出来的，是有意识的结构部分。自我不能脱离本我而单独存在，并遵照现实原则来帮助本我，力图使本我达到满足。而超我则是从自我中分化出来的，遵照道德和至善原则调节着个体的行为活动。显而易见，本我在三者中处于核心位置，是力量的源泉。

对于弗洛伊德的这种修正，阿德勒从未表示过赞同，他有自己的看法和观点。

阿德勒认为，人是不可分割的整体，具有统一性。即使勉强同意弗洛伊德的划分，那么强调的重点也不应该是本我，而应该是自我。与弗洛伊德所说的自我为本我服务，帮助本我达到满足不同，阿德勒认为自我本身具有主观能动性。正是因为他们理论观念上的不同，以致两人在疾病治疗上所采用的方法都是不同的——弗洛伊德强调早期生活的影响，通过一系列分析把潜意识上升为意识，而阿德勒则是利用个体的主观能动性，通过分析病者的生活风格，帮助其唤醒并提高社会兴趣，从而做出新的选择。

这也反映了他们的人性观是不同的。弗洛伊德认为人性就是人的基本本能，它是由遗传因素所决定的，在他的理论背景中人与动物没有什么两样，极端夸大了人的生物性，而贬低了人的社会性与主动性。而阿德勒一直把人看成是自己人生道路上的计划者和创造者，而且人是一个统一完整的人，体现了他对人的社会性和能动性以及整体性的重视。阿德勒的这些观点为我们描绘了一幅较为积极乐观的人性图画。

3. 对梦的解释不同

梦的学说在弗洛伊德的精神分析理论中占据着重要而特殊的地位。弗洛伊德认为梦是一种被压抑的欲望的象征性满足，并且在梦中这些被满足的欲望主要是性的欲望，无论是与性有直接联系的梦，还是与性有象征性的梦，甚至看起来没有任何联系的梦，在弗洛伊德的解释下都包含了性的意义。个体在清醒状态下，有些欲望为社会所不容，就被压抑到潜意识部分，在睡眠过程中意识的监督力度下降，这些欲望就会通过梦表现出来。所以在弗洛伊德看来，梦使潜意识本能欲望得到伪装、象征性的满足。而且，弗洛伊德认为梦不仅反映了被压抑的欲望，还反映了个体在现实中无法满足的愿望。因此，可以通过对梦的内容的分析，进而了解个体的动力与欲望。弗洛伊德对于梦的解释，特别是他把人的一切梦都与个体的潜意识本能欲望相联系，尤其是与性的欲望相联系，似乎过于极端化。并且他认为梦的内容具有某种对现实和未来的预示意义，这就把梦带出了科学研究的范围，使其蒙上了一层神秘主义的面纱。

前面我们在介绍阿德勒的个体心理学理论前提中提到过，阿德勒强调人的整体性，认为人是不可分割的整体，具有统一性。可以说在阿德勒的整个学说当中始终贯彻着这样一条原则，他不仅以作为整体的人来解释个体的意识部分，而且把同样的解释方法运用到无意识或半无意识的生活中，即以作为整体的人来对梦中生活进行解释。阿德勒认为，个体梦中的生活正如个体的非睡眠生活一样，不多不少正好是整体的一部分，而且梦始终是个体最富有创造力的一部分。因此正如非睡眠生活由优越目标决定一样，梦也是由个人的优越目标所决定的。梦的目的始终是为优越目标——即个体设置的优越目标——铺平道路的，这种目的既无逻辑性也没有表现出真实性，它的存在就是为了给个体制造某种感觉、情绪和情感，并借助这种感觉和感情来支持自己的观点与想法。可是尽管个体再富有创造力，梦的内容也绝不会超出个体生活风格的范围，因为一个梦往往是个体生活风格的一部分，反映着个体的生活风格，同时促进生活风格的建造与坚固。所以梦并不具有神秘色彩，更不具有预见性，它与非睡眠生活以及在非睡眠状态下的活动仅仅存在程度上的差别，不具有类的不同。睡眠与非睡眠并不是相互对立的，相反在睡眠中我们仍在思想和谛听，表现在非睡眠生活中的倾向一般也同样表现在睡眠生活中。比如，个体在睡眠状态下，一旦有人提到自己的名字，便会惊醒，还有个体在床上睡觉从来不会掉到床下去，这都表明了在睡眠状态下，个体仍然是清醒的，仍然具有对外界的意识。

总之阿德勒认为梦是由优越目标决定并且为个体设置的优越目标服务，它一方面反映了个体的生活风格，另一方面又为个体的生活风格提供支持。

### 希腊诗人西蒙尼德斯

希腊诗人西蒙尼德斯（Simonides）曾经做过一个著名的梦，梦中他曾被邀请去小亚细亚讲学，对于是否前往他犹豫不决。尽管船已经停泊在码头等待他上路，西蒙尼德斯还是在不断推迟行期。他的朋友们都在尽力劝他前去，但都是徒劳而返。有一天，西蒙尼德斯做了一个梦，他梦见自己曾经在一个森林中见到过的一个死人，死人出现在他的面前对他说道："由于你在森林中曾经是那样的虔诚，那样的关心我，现在我劝你别去小亚细亚。"西蒙尼德斯醒来后，就坚决地说："我不会去的。"

阿德勒认为，西蒙尼德斯在做梦之前就已经做好了不去的准备，可是他找不到不去的理由，或者说找不到说服自己和朋友不去的理由。他要借助这个梦来制造一定的情感来支持自己已经做出的这个决定。西蒙尼德斯在做梦时，运用了他的想象力并造成了一定的次序。他选择了死人的事件，因为死亡的念头一直萦绕在他的心中，这应该出于他对航海的恐惧。在那时，海上航行确实意味着真正的危险，所以在做梦之前他就已经犹豫不决，再三推迟行期。从这一点来看，西蒙尼德斯可能害怕晕船，或者是对沉船的可能性感到惶恐。由于死亡的影像不断出现在脑海中，结果在梦中他便选择了那个死人的情节。西蒙尼德斯在借助梦来支持自己不去的决定并坚定着自己不去的决心。

4. 对早期生活的看法不同

阿德勒和弗洛伊德两个人都非常重视个体早期生活对个体后来发展的重要影响作用，但是两人所强调的侧重点又是不同的。

弗洛伊德的人格发展理论是建立在他的性心理发展理论的基础之上的。这与弗洛伊德强调生物学性本能因素的观点正相吻合。弗洛伊德认为，儿童从出生到成人要经历五个先后有序的发展阶段，分别为：口唇期（0～1）、肛门期（1～3）、性器期（3～5）、潜伏期（5～12）、生殖期（12～20）。弗洛伊德认为，儿童在这些阶段中获得的各种经验决定了他们成年后的人格特征，其中前三个阶段并称为前生殖阶段，弗洛伊德尤其强调它的重要性，认为它是人格发展的最重要阶段，因为成人人格的形成基本上在这个阶段就已经完成。为了验证他所强调的个体早期经历或童年创伤性事情对个体的重要影响，弗洛伊德在其一生的临床实践中不断来印证自己的这一看法与观点，并且提出了著名的力比多理论：认为力比多在儿童发展的不同阶段会遇到两种危机——固着和倒退①。如果在发展过程中，力比多发生固着或倒退到某个阶段，就会形成与该阶段密

① 固着是指由于力比多不能满足或过分满足而停滞在早期的发展阶段上；倒退是指由于力比多受到挫折而退至先前的发展阶段。

切联系的性格特征。

尽管阿德勒也强调个体早期生活经历对个体发展的影响，但是他并不赞成弗洛伊德的观点，他反对弗洛伊德的性本能决定论，尤其是他的力比多论。阿德勒认为个体早期生活经历之所以重要，不是因为力比多发展的固着或倒退，而是因为个体的早期生活经历会对其生活风格的形成产生很大的影响作用。也就是说个体的生活风格源自于早期生活的困难之中和对目标的追求之中。在最初的五年时间里，个体利用遗传得来的材料和从环境中获得的经验，构建自身的整体性，以配合自己追求优越这一目标。

而且，阿德勒强调儿童早期的可教育性，体现的是一种可改变性和可塑造性，这与弗洛伊德的性本能决定论显然是不同的。阿德勒强调教育在儿童发展过程中的重要作用，这里阿德勒所指的教育包括家庭教育和学校教育。无论是家庭教育还是学校教育其目的都是在于培养和指导人的个性，造成其社会顺应能力，成功解决人生的三大问题：职业、社交和婚姻。

5. 本能论与社会因素的较量

弗洛伊德把人看成一个纯生物意义上的人，强调性驱力对人发展的影响，而阿德勒则认为人是社会性的人，人与社会是个有机统一体，当然人的发展离不开社会环境的制约。

弗洛伊德认为本能，尤其是性本能是人的生命和生活中的基本要求、原始冲动和内在驱力。在弗洛伊德看来，本能具有四个特征：来源，本能的来源是身体状态或需要，主要是指身体欠缺什么；目的，本能的目的就是消除身体的欠缺并重新达到身体所需平衡；对象，本能的对象是指减少或消除身体欠缺的经验和事物，对象有固定和变化之分；原动力，本能的原动力取决于身体欠缺的程度。

在早期，弗洛伊德强调的本能主要包括：性本能和自我本能。性本能就是我们前面提到的力比多，它是人的行为的内在潜力，能够促使人通过各种方式获得自身的满足，消除欠缺状态。自我本能则是害怕危险，保护自我不受伤害。由于第一次世界大战对弗洛伊德的影响，他后来修正了该理论。他认为性本能和自我本能均是指向生命的生长，所以称之为生的本能，而生的终极就是死，所以他又提出了死的本能。死的本能的最主要衍生物就是攻击，它是指向外部对象的一种自我毁灭的需要。比如残酷、自杀、谋害以及攻击都是死的本能驱使的缘故。在所有的本能中，弗洛伊德尤其强调性本能的作用，这从他在梦的解释中把一切梦都与性相联系就可以看得出。

弗洛伊德的本能论是建立在生物学基础之上的，随着社会科学的发展，人们越来越认识到，仅仅依靠本能的驱力来解释并作为人行为的动力，是片面的。尤其是弗洛伊德的泛性论招到很多人的非议与批评。甚至在精神分析学派内部，就有人公开反对他的这一观点，其中最有代表性的就是阿德勒。阿德勒把弗洛伊德以生物学为取向的本我心理学转向了以社会文化为取向的自我心理学。他认为人是不可分割的整体，人与社会是和谐统一的，当然研究人就不能脱离人所生活的社会环境。阿德勒强调的社会因素包括家庭环境和学校教育。阿德勒认为儿童往往是在家庭环境中形成自己的独特的生活风格，而学校教育要遵循这一方向，尽力塑造、教育和发展儿童的兴趣，使其在学校中不仅接受适应社会生活的知识和技能，而且获得其在以后的社会生活中应有的合作能力，即社会兴趣。

6. 补偿作用的内涵不同

弗洛伊德对补偿作用的界定纯粹是一个生物学意义上的概念。他认为补偿作用仅仅发生在生物学水平上，比如在解剖结构上的阳性或阴性缺陷，能够在一定程度上由于其他特征而表现得更为“阳性”或“阴性”。

阿德勒吸收并发展了弗洛伊德的这一思想，将补偿作用的范围进行了扩大化。他认为个体的补偿作用不仅体现在生理水平上，而且适应于任何一种体质上的缺陷，并且还进一步推广到社会适应方面。而且阿德勒认为人类的补偿作用最主要的就是体现在后一个方面，即社会适应方面。比如，我们在本书开头提到的德摩斯梯尼的例子，他以刻苦训练补偿其口吃的缺陷；还有拿破仑用英勇善战补偿他身高的缺陷；罗斯福选择弃剑从政补偿他腿有残疾的缺陷……

对补偿作用看法的分歧，是造成阿德勒和弗洛伊德最终分裂的直接导火索。在弗洛伊德的精神分析理论中补偿作用或许只是一个小小的角色，而到了阿德勒的个体心理学理论体系中，补偿作用则成为了中心，成为了重要概念，成为了其核心思想之一。

**对补偿作用看法分歧的具体争论**

1907 年，阿德勒发表了引起很大争议的文章《器官缺陷及其心理补偿的研究》，这标志着他和弗洛伊德的分歧已经明显化了。

阿德勒在这篇文章中首次引入了“自卑情结”的概

念。他认为，由于身体的缺陷或其他原因引起的自卑，一方面可能使人自暴自弃或发生精神病；但是另一方面也能使人奋发图强，追求优越，对缺陷进行补偿。他在文章中列举了很多诸如德摩斯梯尼、罗斯福、尼采等很多历史上以及现实生活中刻苦训练以补偿缺陷的例子。

1910年前后，阿德勒又先后发表了关于“自卑感”和作为自卑补偿的“男性的反抗”文章，认为不论男性或女性，都有一种追求强盛有力的愿望，以便补偿自己不够男性化的缺憾。接着，阿德勒进一步完善了“自卑情结”的概念，认为不论身体上有没有缺陷，儿童的自卑都是普遍存在的。因为自卑可以由身体的缺陷造成，也可以由个体主观上产生的错误态度所引起。

弗洛伊德再也不能容忍阿德勒的这种公然“背叛”，致信心理分析学刊的发行人，要求把学刊封底阿德勒的名字除去，否则就把自己的名字去掉。并且立即召开了星期三精神分析会议，会上阿德勒对自己的学说进行了描述之后，大家进行了讨论，讨论结果一致认为“既然阿德勒不赞成精神分析的观点，就没有必要继续留在这个圈子里了”。在精神分析协会成员的“督促”下，阿德勒带领他的七位盟友离开了精神分析协会，创立了自己的“自由心理分析学会”，与弗洛伊德的“精神分析协会”相抗衡。

# 第四章　理论的应用

随着社会的急剧变化，人们在工作、生活、教育等领域遇到的压力和问题也越来越多，有资料显示我国目前精神病患者的人数超过1600万，而具有情绪障碍及行为问题的17岁以下儿童和青少年约有3000万。精神病患者、神经症患者、酗酒者、自杀者、犯罪和问题儿童、性欲倒错者等不断涌现。一次“5・12”汶川地震，使社会大众对心理学具有的重要意义有了深一层次的了解，越来越多的人开始对心理学寄予了很高期望，同时也渴望了解与掌握更多的心理学知识，以达到帮助自己以及帮助别人的目的。我们现今的社会处于一个特殊的转型时期，家庭结构发生了很大的变化，以前那种多子女的家庭越来越少见，随之而来的独生子女家庭最为普遍。独生子女的教育问题——包括家庭教育和学校教育、独生子女的工作、独生子女的爱情婚姻问题，也就是阿德勒提出的三大人生问题，在这些人身上显得尤为突出。社会中关于青少年问题的报道层出不穷，青少年早恋、自杀、犯罪等问题成为大众关注的焦点。

阿德勒个体心理学的主要兴趣就是临床和教育方面，审视个体与群体行为的整个领域，同时因为阿德勒以自卑感、追求优越和社会兴趣为心理学的理论支柱，于是个体心理学被广泛地运用到青少年犯罪问题、教室情境和社会运动等方面。阿德勒的理论受到许多教育工作者、心理咨询工作者、治疗师等职业人士的拥护和重视。阿德勒强调人的自主性，重视早期经验、生活环境对个体的生活风格、未来发展的影响，重视家庭、学校对儿童健全人格形成的重要作用。阿德勒的个体心理学理论注重实际应用，从提高社会兴趣入手，通俗易懂地引导人们努力向上追求优越，他的个体心理学理论成了了解人性的知识大全，既是一门科学，又是有益健康的哲学，同时还是具体应用的实践方法，在当今信仰危机的社会中起着举足轻重的作用。

## 一、教育领域

教育问题关系到国计民生，可以说它是我们当今社会生活中最重要的问题之一。阿德勒的个体心理学在这方面作出了杰出的贡献，他认为无论是家庭教育还是学校教育，其目的都是培养和指导人的个性，培养人的合作能力，形成健康的生活风格，产生良好的社会兴趣，最终形成个体的社会顺应能力。我们提倡的教育的一般原理就是要使教育与个体今后的人生生活相一致，即必须符合社会的理想，否则个体在未来的生活中遇到困难时必然会手足无措，他们也必将与社会格格不入。教育问题，无论是对于个人，还是一个国家，甚至整个人类社会，都是非常重要的。

在我们国家，独生子女的教育问题已经成为了全社会关注的焦点。如何让孩子接受良好的教育，不仅是每个家庭、每位父母、每位教师要考虑的头等大事，还关系着整个中华民族的未来与希望。家庭教育和学校教育对于一个人的成长是至关重要的，家庭、学校、社会给予孩子什么样的影响和教育，孩子就会成为什么样的人。因为人是社会中的人，他的成长脱离不了社会这个大的背景与环境。教育的目的不仅仅是传授给孩子书本知识，更重要的是指导孩子掌握生活的学问与生活的艺术。

实际上，教育关怀是阿德勒从事心理研究的一个动力，他对个体人格的关注，对教育极具启发并且具有直接的影响作用。阿德勒曾经指出他的研究并不是以自身为目的，而是为了人类的利益而努力。多年来，他的研究进入到教育学领域，并为这门学科的发展做出了贡献。阿德勒的个体心理学理论体系对人性和人的发展及其问题的深刻理解，为我们思考教育问题指出了一种基本的方向。阿德勒相信通过教育可以使个体顺利通过三大人生问题的考验，顺利幸福地生活。阿德勒在教育领域的贡献也正是他的个体心理学理论应用之广泛的一种体现。根据阿德勒的个体心理学理论观点，教育的目的就是培养个体的社会顺应能力、合作精神，训练个体不仅仅要追求个人的优越，也要为社会的和谐和人类的幸福做出贡献，成为团体的良好队员和社会的合格公民。阿德勒曾经说过："儿童的可教育性得自于他的先天的、分化了的和成长着的社会兴趣的广度。"可以看出教育的最重要的目标就是培养个体的社会兴趣。根据前面我们介绍的社会兴趣可知，这一目标也正与我们当今社会的要求与热点——团队意识和合作精神——相一致，因此推广阿德勒的个体心理学理论思想以及促进它的实践应用显得尤为重要和必要。

1. 家庭教育

在前面介绍生活风格的形成部分，我们已经知道生活风格早在儿童四五岁之前就已经初步形成了。这种生活风格一旦形成，便不容易改变，而且会影响着个体终身的发展，所以阿德勒非常强调家庭教育的重要性。阿德勒认为，个体从出生的那一刻开始就应该接受家庭教育——所有生活技能的学习。在个体接受家庭教育的过程中，教育者和家庭中存在的客观因素起着非常重要的作用。

**母亲的作用**

个体来到一个家庭，就开始接受他独一无二的家庭教育。对个体产生影响的最早人物当属他的母亲。母亲的教子方法成功与否，直接影响了孩子的所有潜能的发展，当然也包括社会兴趣这一潜能的开发，母亲和孩子合作的能力以及使孩子和她合作的能力是无法用教条来传授的。这种能力只有当她真正对孩子有兴趣并一心一意要赢取孩子的情感及保护他的利益时才会得以发挥。要成为具有这种能力的母亲，其实在其生命的早期就已经开始了某些准备，换句话说这种能力是长期训练和培养兴趣的结果。

在我们的社会文化当中，女性的社会价值不可被忽视，否则她们在将来的生活中会不愿意养育孩子，不觉得养育孩子是件有趣而富有创造性的工作。这种思想会在她教育孩子的过程中造成严重的后果，即孩子来到这个世界上，第一次与他人建立关系是失败的，他没有学会与人合作的方法，也就更不懂得合作的重要性了。所以要想培养孩子的合作能力，在当今的社会文化中肯定女性的社会价值是至关重要的，真正的男女平等是应该再次受到重视的。虽然我们一直在提倡男女平等，但是在社会中某些方面或者某些领域男女不平等的现象还是在一定程度上存在着。单从培养孩子的合作能力这一角度上，我们也应该重视这一现象的危害，所以我们需要提倡男女真实的平等，无论是从观念上还是在实践工作中。

许多研究结果证实，母亲保护孩子的意识比其他任何一种意识都要来得强烈。然而这种力量的基础并不是性，而是来自合作的目标。母亲常常觉得孩子是她身体的一部分，由于她的孩子，她才和生活的整体紧密联系。正是因为孩子是母亲这一生中完成的最伟大的一件创作作品，让她觉得她像上帝一样从一无所有中创造了生命。所以阿德勒认为，对母道的追求实际上就是人类对优越地位追求的一种表现。但是这种追求有时候会显得过度，而且这种过度必然造成孩子成为社会的失败者——因为母亲过度追求的优越会限制孩子合作能力的培养与发展。

**过度追求优越之母**

一个70岁高龄的农妇，有个50岁的儿子。此时他们两人仍然住在一起，而且同时患上了急性肺炎。母亲安然度过了危险期，而儿子送到医院后治疗无效死亡了。当母亲知道儿子死亡的消息后，说道："我早就知道我没法把这个孩子带大的。"

这个农妇觉得她应该负责孩子的一辈子。她从来没打算要使他成为社会生活的一部分。这个母亲没有设法扩展她孩子和别人的联系，并教导他和环境中的其他人平等地合作，按照阿德勒的个体心理学理论来看，这是个多么严重的错误。

阿德勒认为，和母亲发生联系的，有她的孩子，她的丈夫，以及围绕着她的整个社会生活。同样地孩子也有着三种联系，他的母亲，他的父亲，以及围绕在他周围的整个社会生活。母亲需要给予这三种联系以同样的注意，若只重视一种联系，势必造成其他联系出现问题。母亲只考虑她和孩子的联系，难免会宠坏孩子，使他难以发展出独立性以及和其他人合作的能力。所以阿德勒认为，合格的母亲要同时做好两件工作：她自己必须给予孩子一个可以信赖的最初经验，促使孩子与她建立合作关系，同时她必须准备将这种信赖扩展到孩子的其他两个联系上。具体地说就是，在母亲使孩子和自己成功地联系上之后，她的下一个工作就是把他的兴趣扩展到他父亲身上，然后还要使孩子的兴趣转向他周围的社会生活，包括家庭中其他的孩子，朋友，亲戚和其他社会中的人。

如果母亲没有成功地完成这两件工作，而只是让孩子对她自己产生了兴趣，那么在以后的生活中，孩子会讨厌那些使他对别人发生兴趣的企图，对那些能分得母亲注意和关心的人产生敌意。也许他的生活中心只有一个，那就是吸引母亲对自己的注意。至于吸引的方法可能多种多样，也许是一些以撒娇显示自己弱势的方法，比如哭泣、害怕黑暗、梦魇、患上疾病，或者是比较强势的方法，比如和母亲争吵、故意惹是生非。无论形式如何变化，我们只需认清背后的目的——吸引母亲对其的关注——就够了。为了避免母亲教子上产生的错误，我们需要对母亲进行训练，训练母亲成功地完成自己的两件同等重要的工作。

当然对于那些在孤儿院生长的儿童，我们必须找到一个起母亲作用的人，来架起孩子和其他人之间联系的桥梁。生活中存在很多失败者，他们很多都出身自孤儿、私生子、被遗弃的孩子或者家庭破裂留下的孩子，从这些事件中我们也能看出母亲在培养孩子的合作能力以及唤醒其社会兴趣中所起的重要作用。所以这更增加了我们按照阿德勒的个体心理学理论来训练母亲培养孩子的合作能力及社会兴趣的技巧的必要性与重要性。

**父亲的作用**

在家庭生活中，在孩子接受家庭教育的过程中，父亲所起的作用和母亲一样重要，只不过父亲对孩子的影响较母亲的影响相对较晚而已。父亲在教育孩子上起的作用主要是通过他组建的家庭幸福与否来体现的。

也许父母双方都会为了个人利益而争夺孩子，都想让孩子爱自己、依附自己多于对方。在这样的环境下成长的孩子，是不可能训练出合作精神的，因为孩子会巧妙地发现父母亲之间的这种关系并加以利用，来达到自己受宠爱的目的。我们前面已经说过，被宠爱的孩子，会以自我为中心，是不知道合作为何物的。这是父亲处理婚姻不当对孩子造成的第一点不良影响。其次，孩子面对着父母这样的婚姻，面对着父母亲之间剑拔弩张的关系，必然会形成婚姻是不幸的、异性是难相处的观念，在这种的观念指导下，他今后在面对人生问题——爱情与婚姻时，注定要以失败而告终，因为他没有从父母的爱情与婚姻中学到如何和异性或者伴侣相处，如何实现两人合作以达到家庭生活的幸福与美满。他更不懂得婚姻的意义是两个人共同结合以谋求彼此间的幸福，以及他们孩子的幸福，还有社会的幸福。

父亲与母亲任何一方在家庭生活中如果处于强势的地位，幸福必然与他们无缘。比如父亲脾气暴躁，喜欢驾驭家庭其他成员，会使男孩子形成错误的观念，在他今后的家庭生活中扮演着同他父亲一样的角色；女孩子则会把男人都视为暴君，害怕与异性相处，严重者会发展成性欲倒错。同样地如果母亲处于权威地位，对家庭唠叨不停，女孩子将会模仿其行为，而男孩子则会避免与异性接触。这些都是不健康的生活风格，严重影响着他们今后对人生问题的顺利处理。

阿德勒认为，要想避免这些问题，就必须对父亲提出严格的要求，使他们成功扮演好父亲的角色。首先，父亲要与妻子处于平等的位置并与妻子进行合作，共同为家庭的幸福而努力；其次，父亲要以积极的方式应付人生中的三大问题——职业、社交和婚姻。父亲要以身作则，证明自己对妻子、孩子和社会都是有用的栋梁；他要重视妻子在家庭中的创造性地位；他要给家庭提供足够的经济来源并且不能认为这是一种施与，而应该认为这是家庭分工合作的结果；他有自己的朋友圈，从不离群索居。这些都是父亲教授给孩子合作之道的良好途径和方法。只有这样，父亲才能成为孩子一生崇拜的偶像，这为培养孩子的合作能力以及唤醒其社会兴趣提供了良好的榜样及示范模式，孩子会受益终身。否则，父亲便会成为孩子最大的仇敌，这不但破坏了父子之间的情感关系，更严重危害了孩子合作能力的培养，以及社会兴趣的唤醒与培养。

总之，在孩子接受家庭教育上，父亲和母亲要合作协商，避免任何一方成为权威的现象出现，这同时也为孩子形成合作能力提供了参照的榜样。而且他们都不能表现出对孩子的偏爱，对一个孩子的偏爱会造成对其他孩子的伤害，可以说孩子在判断父母亲更喜欢哪个这一孩子方面绝对是天才。被偏爱的孩子容易以自我为中心，高高在上，而被伤害的孩子则会怀疑自己，低估自己，最终的结果是双方的合作能力均受到挫败，这对孩子的发展极其不利。

**家庭的格局**

阿德勒的个体心理学在探讨孩子出生顺序的利弊方面，开拓了一片非常广阔的研究视野，同时也为家庭教育提供了良好的理论基础，它对家庭教育起着重要的指导意义和实践意义。在前面理论介绍部分，我们介绍了家庭格局对孩子造成的影响，我们已经熟悉了老大、老二以及最小孩子、独生子在各自的家庭格局中会出现的特征与问题。

长子　老大会经历一段独生子唯我独尊的美好时光，当第二个孩子降生的时候，如果他没有做好充分的心理准备，在措手不及的情况下，就会感觉自己失去了昔日被大家关注的中心位置，他也许会采取一切手段以夺回中心地位，也许会变得自暴自弃。这类孩子喜欢眷顾过去，却对未来黯然神伤。他们比其他孩子更了解权利和威势的重要性，在他们今后的人生中，一有机会就会搬弄权势，并强调规则和纪律的重要性。这类孩子容易具有保守主义的倾向，他们总是疑心别人要超过他，要取代他的地位。阿德勒认为像这种情况如果想要处理妥当的话——父母要在次子出生之前使长子先学会合作之道，便能化险为夷。学会合作的长子，会形成习惯保护人或帮助人的性格，在次子出生以后，他们甚至会模仿着父亲或母亲，来照顾自己的弟弟或妹妹。

次子　虽然次子在一出生就已经有一个孩子和他分享着父母的关爱，使他容易和他人进行合作，但同时他也有了一个竞争者。典型的次子总是处于剑拔弩张的状态，总是拿自己和别人进行比较，总是意欲超越、征服别人。要想避免这种情况的出现，阿德勒认为，家庭成员应该平等、团结一致，使家庭中没有敌对的感觉，孩子才不会花时间时刻处于敌对状态，也就能避免对孩子造成不良后果。

老么　最小的孩子虽然没有来自弟弟妹妹的威胁，但是却有一个或多个竞争者，他们是最受宠爱的孩子，也是第二大比例的问题儿童。老么往往被宠惯得自立能力差，丧失了获取成功的勇气，却总是一副野心勃勃的样子，而大多数富有野心的孩子又是懒惰的。懒惰是他心灵深处感觉自卑的结果，他要借助这种懒惰来粉饰自己的自卑。这种自卑感是由于家庭里有比他年长、比他强壮、比他有经验、比他有权利的人存在而造成的。

独生子　独生子虽然没有丧失优越地位的危险、哥哥姐姐的竞争，但是他也有一个敌对者——他的父亲。独生子一般都受到母亲的娇惯，结果让他养成了“恋母情结”，他不能容许母亲对父亲的关照，并想方设法想要把母亲的注意力全部吸引到自己身上。对这种情况的解决方法，我们在介绍父母的作用时也提到过，即父亲和母亲要通力合作，让孩子对两个人都有兴趣，而不是只与一个人发生联系，而与另一个处于敌对状态。

在我们当今的社会，独生子的时代已经来临。阿德勒的个体心理学理论中关于独生子的研究与观点以及其他理论为当今社会的家庭教育问题无疑提供了宝贵的理论基础和实践意义。

做父母的当然都希望自己的孩子健康成长，但是由于先天遗传因素和后天发育的环境中各种因素的影响，比如工作环境的恶劣、电器的辐射以及意外事故等，使得存在身体缺陷的儿童不在少数。前面我们举过“以脚代手”的例子，屠欢杰失去了手臂，这是身体的缺陷，但是在父母的悉心关怀与引导下，他学会了用脚代替手来做事情，这是成功运用补偿作用的典型案例。自古就有“人无完人”之说，每个人都有缺陷或者不足，每个人都要努力借用补偿的作用来追求自己的优越地位，当然在父母教育子女的过程中，也要时刻注意这一重要的方式。

阿德勒在其理论中提到，母亲保护孩子的倾向比其他各种倾向都要更为强烈。而今社会中，核心家庭成为了主流，家长娇惯和溺爱独生子女的现象越来越普遍。既然在阿德勒的理论中了解了被娇惯的孩子可能会出现的问题，做父母就更不应该宠爱或溺爱自己的孩子。只有做到不给孩子特殊待遇、不过分注意孩子、敢于严格要求孩子，才能避免孩子形成错误的生活风格以及缺乏社会兴趣和合作精神。

虽说现在社会中独生子女多，父母容易溺爱孩子，但对孩子忽视的现象也不是完全没有。再说现在的父母压力大，工作繁忙，根本无暇照顾到孩子的感受，他们对孩子的溺爱也仅仅停留在物质层面上，而对孩子精神生活却忽视严重。曾经听朋友讲过这样一个事情，某小区的一个小女孩曾经对着一个路过的水管工人叫爸爸。这个事情的真实性无从考察，但是它也确实反映了一个社会问题——父母缺少对孩子的关心和爱护，也许孩子过着丰衣足食的生活，可是精神上却是贫乏的。在现实生活中，孩子吃饱穿暖、学习成绩的好坏才是父母关心的重点。阿德勒认为，父母和孩子的感情交流以及合作是对孩子在以后的生活中顺利解决三大人生问题的启蒙。孩子只有先在家庭中有了和父母合作的机会，对父母产生了兴趣之后，他才能在以后的生活中学会和他人进行合作，才能对他人与社会产生兴趣，这些才是健康的生活风格。

阿德勒认为，儿童早期在家庭中的经验会给他们的生活模式留下难以磨灭的印记。如果在家庭教育的过程中，由于家庭教育不当而引起儿童的敌意，最后导致儿童没有形成合作能力和社会兴趣，那么这类儿童在以后的发展中势必要遇到困难与挫折。如果儿童在家庭中未曾受到平等的待遇，他们便会努力奋斗、拼搏竞争，于是就会出现整个社会中人们争相追求着要成为征服者、想要超越并压垮别人的现象，那么世界也就到处都是敌对和竞争，没有了一丝和谐，没有了一点幸福可言。阿德勒认为要想避免这些不和谐音符的出现，唯一的方法就是给予儿童更多的合作训练。只有培养他们的合作能力，开发他们社会兴趣的潜能，才能让他们形成健康的生活风格，并在这种生活风格的指引下，追求优越，为社会贡献自己的力量。

社会要进步，国家要繁荣，人类要幸福，在当今竞争激烈的大背景下，单靠一个人的能力是无法完成的，相应地合作就显得尤为必要了。一个没有合作意识和合作能力的人，很难融入团体，也就没有在竞争中取胜的可能。未来社会是需要团队精神的，父母是孩子的启蒙老师，若能在家庭中培养孩子的合作精神及唤醒孩子的社会兴趣，使孩子养成健康的生活风格，这便是为社会的和谐及人类的幸福做出贡献，也正是阿德勒所追求的终极社会目标。

2. 学校教育

阿德勒认为个体生活风格的初步形成是在儿童早期的，这一阶段也正是家庭教育的时期，所以家庭教育在个体的发展过程中处于尤为关键的地位。但是很多父母并没有对自身肩负的教育重任负起责任，阿德勒说过“父母既非好的心理学家，也非好的教师”。虽然我们可以对父母在教育技巧上进行指导，但难免有些父母还是没能圆满地完成自己的工作，这样学校教育就显得也更为重要了，从一定程度上来说，学校教育是家庭教育的延伸，学校教育的目的就是减轻父母教育的负担，并继续完成父母没有完成的工作——培养个体的合作精神和社会兴趣，增强个体顺应社会的能力。

阿德勒提出现在流行的教育理想是：我们应该教儿童不但要为自己着想，还要为他人着想，应该教他们熟悉文学、艺术和科学，应该让他们分享全部的人类文明，我们要的是在文明的共同工作中结成平等、尊重、和平的伙伴。

这一教育理想与我们当今社会上提出的“同一个世界，同一个梦想”的意境具有异曲同工之妙，这不仅是我们不断追求的目标，和平进步、和谐发展、和睦相处、合作共赢、和美生活更是全世界的共同理想。

**教师的作用**

我们的社会正处于转型时期，一批批独生子的出现，给我们的社会带来很多亟待解决的问题。独生子女从小缺乏与伙伴的交往，又是在家庭几代人的娇惯下长大，这些孩子身上存在一些为我们社会所不接受的缺点，比如缺乏合作精神、任性、懒散等。“独生子女教育难”的问题一再被提上日程，问题儿童更是受到社会各界的广泛关注和重视。

### 阿德勒列举的问题儿童[①]案例

安妮是一家六个孩子中的第三个，她是一个好孩子，但她常常抱怨自己受到了忽略，受到了压抑。安妮在学校成绩很好，但在升入高中后情况发生了变化。她发现有一个老师不喜欢她。并且后来还在她的鉴定上写下了很坏的评语，安妮于是开始逃学，最后终于被学校开除。这样，她原先在家里受到的那点赏识也失去了，她又从家里跑出来，与一个当兵的开始恋爱，事情的最后是她写信给家里，说她怀孕了并想服毒。

阿德勒分析说，安妮在家里长期受到忽视，这种忽视导致了她的自卑感，因为这种自卑感，她在家里从来不关心父母和兄弟姐妹，而是希望控制别人的关注点。她在学校达到了这一目的，因而她努力学习，争取保持这种优越感。但当一位老师不欣赏她后，她开始通过逃学来达到受关注的目的。直至最后，她与当兵的恋爱，仍旧是在寻找这种重视——在恋爱中被重视。她的优越目标只在于寻求关注，这一目标明显地偏离了正确的方向，而这一目标的确立与安妮缺乏社会兴趣密切相关。安妮始终只对自己感兴趣，从不关心他人，从没有设身处地地感受过他人的心情和处境，最后导致了她将自己隔离在社会生活之外。

针对这种现象，我们可以借鉴阿德勒的个体心理学理论观点，培养一批教书育人的教师。这批教师不只是为了

① 阿德勒认为问题儿童存在三个方面的本质问题：第一，具有自卑情结；第二，追求方向错误；第三，缺乏社会兴趣。

金钱而教育儿童，他们能遵照人类的利益来工作，能够充分地体会到教师的重要性，不仅要尽职尽责地完成教书的工作，更要出色地完成育人的工作。这些教师能够充分地了解孩子，注意纠正家庭教育的错误给孩子造成的弱点，帮助孩子消除在家庭教育中形成的错误生活风格。

首先，教师要像母亲一样和学生产生联系并从心底对其发生兴趣。只有做到了这一点，教师才能去了解儿童的兴趣、发展新兴趣并在此基础上培养儿童在其他方面的兴趣和才能。举个简单的例子，比如一个不喜欢学习的儿童，也许开始的时候他什么都不愿意学，但是他唯独喜欢画画，教师要抓住他的这一兴趣，在画画上给予他鼓励和支持，然后再巧妙地暗示他要想在画画上走得更远、更长，还需要其他知识的辅助，以“木桶”原理引导他，慢慢培养他在其他学科上的兴趣。儿童心理学研究认为，儿童的感觉器官发展最快，有些是视觉型的，有些是听觉型的，有些是运动型的，教师在教育孩子的过程中，要能敏锐地观察到孩子的这些特征，因材施教，因人而异，充分利用其兴趣点，同时也要鼓励他在其他方面培养兴趣。这种鼓励绝对比严厉的体罚要有效的多。一个孩子从家庭生活迈向学校生活的那一刻，对他来说也许是一个很大的变化，也许一时之间他还难以适应学校的集体生活，这时若教师给予的不是鼓励和帮助，而是批评与惩罚，这个孩子便会对教师“敬而远之”，也许会逃避学校，设法向新的环境发展。那些问题儿童、问题青少年，多是因为在学校生活不愉快，回家又不被父母理解，受到同学的嘲笑、老师的冷漠，只有在新的环境中才能找到志同道合的伙伴，从他们那里获得欣赏，获得自己存在的价值，真切地感受到自己是这个团体的一分子，从而成为了问题青少年、走向了犯罪之途。

其次，教师要培养学生的合作意识。在我们现行的社会中，孩子在经过家庭教育之后，往往对竞争的准备要远远好于对合作的准备。在竞争意识的支配下，他也许只对自己感兴趣，不懂得奉献与施舍，独享一切。在这些竞争意识极强而合作意识淡薄的孩子教育上，教师也要像父母一样，努力给学生创造一个团结平等的班级氛围，让他们感受到每个人都是这个团体中平等的一分子，只有这样孩子们才会对彼此产生兴趣，享受合作的乐趣。

最后，教师还要正确地评价孩子。教师不能凭借各种智力测验测出的智商，就判断孩子的聪明与否，智商不应该成为限制儿童未来发展的因素。在阿德勒看来，教育中出现的最大困难不是儿童自身的各种限制，而是儿童所认为的自己具有的各种限制。近来关于“自我设限①”的研究越来越多，我们应该了解这种自我设限对个体的发展造成的不良影响，并尽量在教育中避免因为教师的不正确评价而造成儿童对自己进行设限。有趣的是，孩子们之间对彼此能力的了解似乎超越老师对学生的了解。孩子们知道“数学天才”是谁，富有文采者是谁，具有艺术细胞者又是谁，运动冠军又当谁莫属等。孩子们最经常犯的错误就是看着别人遥遥领先，觉得自己再也进步不了了。成绩的排名上总是“稳居不动”，也正是显示出他们为自己所设的限制。比如一个儿童觉得自己智力很低，那么在教育中，教师就要注意鼓励他，设法增加他的信心与勇气，帮助他消

① 自我设限是指个体针对可能出现的失败危险而事先设计障碍以自我保护或自我提升的一种策略。

除这种错误的看法，让他得以最大限度地发挥自己的能力。在本书开头，我们举了阿甘的例子，也许阿甘的母亲是阿甘最好的老师，她不断地告诉阿甘“你和其他人是没有区别的”、“你和其他人一样”，并坚持不让阿甘接受特殊教育。教师应该让孩子明白这种自我设限所犯的错误，真正放弃“正常儿童与其天赋能力有关”的看法。

在阿德勒看来，遗传对儿童发展起限制作用的观点是非常糟糕的，也是应该避免的。这实际上是教师和家庭对教育孩子无方而寻找的借口，如果遗传真对孩子的性格和智力发展有如此大的影响，那么学校似乎就没有存在的必要，教师更没有工作可做了。

阿德勒的个体心理学理论认为不应该过分强调遗传因素对个体发展的影响和限制作用。这一观点尤其对器官缺陷的儿童教育起到了很大的作用。我们前面在理论部分已经介绍过，器官缺陷会引起自卑感，这种自卑感会向两个方向发展：一个是自甘堕落，也就是自我设限；另一个是追求优越。教师只有充分地认识到这一点，力求使孩子认识到他身体的缺陷与他性格和智力的发展是没有必然关系的，才能使孩子摆脱自我设限，争取更好地发展。

阿德勒一再强调个体发展中最大的因素是兴趣，而不是遗传。他认为在每种“超人”的能力背后，都是长期的兴趣和训练的结果，而不是遗传的杰作。阿德勒解释说，莫扎特的双亲对音乐很感兴趣，但是他的才能并不是从父母那里遗传得来的？而是他的父母希望他也对音乐感兴趣，从小就特别鼓励他、培养他、训练他的结果。所以教师只有摒除发展有固定的限制的观点，才能消除儿童为自己的发展所设下的限制。阿德勒最经常提起的例子，就是自己小时候从数学低能儿一跃成为数学佼佼者的事情。这点我们在介绍阿德勒的生平中也介绍过，这个事件为阿德勒提出个体心理学理论奠定了坚实的基础，更加让阿德勒相信遗传在个体发展过程的作用不是决定性的。

阿德勒认为为了使教师更能了解学生，班级人数不应过多，教师不能频繁更换。只有这样教师才能熟知所有的学生，发现学生生活风格中的错误，并设法补救，才能培养他们的兴趣和合作精神，而且在这样的班级中更容易营造合作的氛围。

阿德勒认为让孩子跳班是弊多利少的。能够跳班的孩子通常都是学习成绩优异的孩子，这样的孩子肩负了许多来自他人的期望，然而这种期望也许是他无法达到的，这便会给他造成沉重的压力。我们只能说他也许在智力发展上暂时超越了班级其它同学，但是在性格发展上未必就高于他们。跳班的孩子突然来到一个陌生的班级，会产生自己是“外来户”的感觉，不利于他的性格发展和健康生活风格的形成，更不利于合作能力的培养，以及社会兴趣的培养。而且，班上存在这么一两个出类拔萃的学生，会刺激其他人奋力追求，带动整个班级的进步。

阿德勒在原则上是支持男女合班的做法的，这也给教师提供了良好的启示意义。在学校教育中，教师要充分发挥自己的能动作用，更好地促使男女两性相互了解，增进他们之间的互助合作。但男女同班同时也存在两个大的问题：第一就是在16岁之前，女孩子的发育快于男孩子。如果不让男孩子明白这一点的话，会形成他们的自卑感，不敢与异性竞争，形成挫败感。第二就是性的问题，如论何时，性教育问题都是件复杂的事情，有人提倡，有人反对。

阿德勒认为教室并不是施行性教育的适当场所，教师在课堂上讲述这些知识，他根本无法保证孩子们的理解都是正确无误的，而且在班上讨论性问题，会使孩子们觉得性是件无关紧要的事情。性教育也许更适合私下交流，比如有的孩子希望知道得多一些，教师应该坦率地回答，只有这样他才能知道每个孩子真正想知道的是什么，并把他导向正途。

阿德勒认为任何受过训练的教师，都能轻而易举地区分出孩子不同的生活模式和类型。从孩子的姿势、他观看和聆听的方式、他和其他孩子之间保持的距离、他是否容易与人交友、他专心注意的能力等方面都能反映出一个孩子的合作能力。当然阿德勒主张对教师进行培训并不是要把孩子们的这些不同类型塑造成单一固定的类型，只是希望他们不要形成错误的生活风格。因为儿童时期的错误风格和成年之后的失败是一脉相承的。没有学会合作之道的儿童，在他长大后很容易成为神经症患者、酗酒者、自杀者或罪犯等。比如说焦虑性神经症患者幼时多害怕黑暗、陌生人或新环境。在现实社会中，我们无法奢望去接近每一个父母，训练他们避免在教育孩子上造成的错误，但是我们却可以训练我们的教师，让他们来接近孩子，矫正父母造成的错误，并培养他们的合作、独立和勇气，这是人类未来幸福的最大保证。

**顾问会议**

顾问会议[①]是阿德勒的又一个创新。阿德勒在很多学

---

① 顾问会议也称为“儿童指导诊所”，为了表述的简洁性，这里采用顾问会议的说法。

校都建立了顾问会议，指导教师在教育儿童方面遇到的问题，并在当时取得了非常出色的成绩，以致有人认为维也纳地区在1921～1934年间青少年犯罪率明显下降与之相关。

顾问会议的组成　在采用顾问会议的方法过程中，有一位训练有素，对教师、父母双方和儿童的研究有丰富经验的心理学家和学校的教师，他们一起讨论，共同解决在教育工作中遇到的问题。

顾问会议的程序　首先，心理学家来到这个学校时，教师要向他介绍该校儿童的事例以及存在的特殊问题，比如说这个儿童可能懒惰、可能好斗、可能沉默寡言、逃学、偷窃、学习成绩差等之类的问题。心理学家结合自己的经验和教师一起讨论并告诉教师自己的经验。在讨论的过程中要注意儿童的家庭生活、性格发展、问题出现的前因后果，并且教师要和心理学家一起讨论问题产生的可能原因，并制定解决的方案。其次，请儿童的母亲与心理学家进行会谈。在会谈之前他们要拟定好对儿童的母亲说话，影响她以及让她明白儿童出现问题的原因以及解决问题的方式与策略。在谈话的过程中，母亲会透露更多的有用信息，收集到信息之后心理学家建议采取某种措施来帮助儿童。当然也并不是每个母亲都会全力合作的，这时心理学家或教师可以举出类似的例子，设法取得母亲的合作。最后，才是心理学家和儿童的谈话。在谈话过程中，心理学家不谈儿童的错误，而谈他眼前遇到的问题，不能责备只能友善地交谈，给他灌输儿童自身不注意而别人很重视的信念，以及有助于儿童正常发展的想法和看法。如果不得以要涉及儿童所犯的错误时，可以将这种错误置于一种假设之中，并征求儿童的意见。

这种方法引起了教师们的广泛关注，而且通过实践被证明为是非常有用的。没有人觉得这项工作增加了教师的负担，相反却认为它增加了工作的乐趣，同时增加了成功的机会。这样的顾问会议经常在半个小时之内便能解决困惑教师们很久的问题，整个学校都处于一种合作的良好氛围当中，孩子出现的问题明显地减少了很多。教师们在多次这样的顾问会议之后差不多都成为了心理学家，他们懂得了人的整体性以及行为表现的一贯性，在以后的教育中遇到问题时，便能应对自如。

近来将阿德勒的个体心理学理论运用到幼儿教育、大学贫困生教育以及学生心理健康教育上的实例越来越多，相应的研究更是不计其数。阿德勒的个体心理学理论与时代精神相适应，因此他的理论再一次受到了社会各界的重视。总的来说，无论是家庭教育还是学校教育，无论教育的对象是幼儿、学龄儿童、青少年还是大学生，每个群体中都会有一些需要父母、教师给予特别关注的，在他们最需要帮助的时候给予力量和鼓舞勇气的个体。阿德勒认为，人人所具有自卑，不论是由身体缺陷造成的，还是因外界环境引起的，深入了解他们的自卑、唤醒他们的自尊、增强自信、树立起正确的生活目标，都是每一位父母、教育者、心理咨询工作者的责任与义务。教育提供给孩子的远不止书本知识这么简单，还有一些技能，与人合作的能力，为社会贡献的精神等等一切有利于社会发展和人类幸福的能力与精神。总的来说就是要把每个个体的追求引向富有成就和有益的方向，保证个体对优越感的追求能够给其自身、他人以及社会带来健康与幸福，而不是精神疾病或者损害。

## 二、心理治疗领域

### 1. 心理治疗模式

由于阿德勒早期理论强调个体追求优越的重要性，受到了社会各界的严厉批评，后来阿德勒提出了社会兴趣的概念。在阿德勒的个体心理学理论体系当中，他尤其重视社会兴趣对个体、社会，甚至整个宇宙的重要性。他认为在个体的发展过程中，先天的潜能没有得以发展，即社会兴趣没有得到良好的形成与培养，因此使个体形成了错误的生活风格，这种错误的生活风格最终导致了人类个体的心理疾病等问题。在错误的生活风格的指导下，个体面对生活中的困难时，在行动上采取错误的行为，在心理上势必造就失调的痛苦与折磨。尤其是当个体在面对着自己无法解决的问题时，更能明显地感觉到失败对自己的威胁，这时一些为了保护自己优越感的症状便会出现，轻者出现偏头痛、失眠之类对他人和社会没有危害的行为，重者可能导致自杀、犯罪等危害他人与社会的行为。精神病患者、神经症、酗酒、吸毒、自杀、性犯罪等一系列问题都是个体在错误的生活风格的指引下产生的，并且都是他们为自我中心感和优越感寻找庇护的手段。

阿德勒的治疗方式就是通过分析患者的生活风格，帮助患者提高社会兴趣，面对现实做出新的生活选择。这一点是阿德勒的个体心理学相当独特的特征，也是它广受欢迎的重要原因。因为这一方法通过提高人的社会兴趣，改变了人在生活中的价值观念，从而重新树立生活目标，填补了个体信仰的空白。在治疗的过程中，治疗者向患者揭示人性的目标与追求，通过各种方式鼓励患者在应付生活问题时，改变过去那种无意义的选择——只顾追求个体自身的优越，而不顾他人与社会的利益、置合作与奉献于不顾，从而做出有意义的选择——学会合作，学会分享，唤醒并进一步发展社会兴趣。阿德勒心理治疗过程主要包括以下程序和步骤①：

1. 关系建立：给予患者热情、同情和认可，与他建立良好的合作关系。拥有良好的信任关系，是帮助患者的前提和基础。

2. 收集信息：收集相关信息，探索他早期的印象和记忆。

3. 澄清：用苏格拉底式谈话来澄清他混乱模糊的思想，评估他的行为和观念的结果。

4. 鼓励：帮助他转移目标，转移生活方向，使他远离旧的，也即错误的生活风格。

5. 解释—认可：解释他的自卑感和追求优越的目标，确定什么应该避免，对出生顺序、回忆、梦境和白日梦做出综合解释。

6. 认知：使患者在没有帮助的情况下，完全认识到自己的生活风格，让个体了解并认可什么需要改变。个体尽管认知到自己的生活风格，但还是感到改变的情感动力不足。

7. 情感突破：如果需要，促进其情感突破、新生，提供正确的或错误的发展经验，创造性地进行角色扮演。

---

① ［奥］阿德勒著，彭正梅、彭莉莉译．儿童的人格教育．上海：上海人民出版社，2006：18～19.

8. 从不同方面加以改变：把洞见转为新的态度，突破旧的模式；鼓励他做出新的尝试，规划具体步骤；使他渴望创造型的情感。

9. 强化：鼓励所有朝向新的方向的行动；肯定积极的结果和感受；正面评价患者所取代的进步和勇气。

10. 社会情感：运用他更好的自我观来促进更多的合作；扩展平等、合作和对他的同情感；全面地信任他。

11. 目标重建：挑战他以前的自我和旧的假想目标，消解旧的错误生活风格，发展新的方向。

12. 鼓励他热爱奋斗，喜欢不熟悉的东西。开启他新的心理视野，鼓励他按照新的价值观来生活，强化他与世界关联的感觉和与别人分享的愿望，促进一条通向持续发展的途径的形成。

在上述步骤中，我们可以把 1、2 看做是治疗的准备和支持阶段；3、4 是鼓励阶段；5、6 是洞察阶段；7、8、9 是改变阶段；10、11、12 是挑战阶段。从阿德勒的这些治疗过程和步骤中可以看出，阿德勒的心理分析和教育理念的根本点在于把个体的生活风格和对优越感的追求引导到对社会有益的方向上来。虽然在治疗过程中，制定了许多步骤，但是阿德勒认为在实际的治疗中，这些阶段并不是固定不变的，可以根据患者的问题或治疗的目的从任何一点开始。同时治疗者也不受任何事先准备好的技术和方法的限制，可以使用各种适合患者的方法进行治疗。比如直接法、欲擒故纵法、反建议法、泼冷水法、解释法、避开问题法、幽默法、沉默法等。

从阿德勒的这个心理治疗模式中，我们也能看到阿德勒对人的一些看法及其个体心理学理论的一些观点。比如说，阿德勒认为通过某种方法与手段可以改变人，正是由于人自身的这一重要特点，才使得心理治疗成为可能；人不了解自己，个体为了克服自卑感追求优越而形成的优越情结就是人不了解自己的最好体现，个体在为自己的缺点进行文饰，而文饰的过程又是个体自己所无法察觉的，如果察觉到了，就起不到产生优越感的目的了；治疗者要使患者与自己建立合作的关系，因为患者在此之前是不知道合作为何物的，他没有掌握合作的正确方法。使患者与治疗者建立合作关系，不仅能使治疗顺利进行下去，而且能对患者以后的生活起到良好示范作用；揭示患者的症状和行为目的之间的关系是治疗的关键，前面我们说过患者的症状都是在已经经过文饰之后的目标的指导下出现的，而患者自身并不知道这一目标，向患者指出症状所达到的目的与效用，才能真正解决个体的错误生活风格，否则也许治好了偏头痛的症状，但只要患者的目标没有发生变化，很快就会出现失眠等其他的症状；治疗者本人要相信人的内在力量，并把这种观念传达给患者，只有这样才能激发患者内在的动力和积极性，才能为改变自己的错误生活风格并建立健康的生活风格而努力；心理治疗就是为患者营造一种归属感，归属团体，归属社会，才能产生社会兴趣；通过整个的治疗过程为患者提供重返社会后处理问题的良好适应模式。

阿德勒的心理治疗模式之所以能够取得很大的成功，并且广受人们的欢迎，与阿德勒个体心理学理论体系中强调人的社会性和能动性是分不开的。阿德勒认为人的动力是受社会因素影响的，个体是自己生活的创造者，应该为自己的生活负责。人是一个积极主动的社会性动物，而不是一个被动无助的牺牲品，他能朝着自己设定的目标努力奋进，追求优越与完美。阿德勒在心理治疗方面取得的成绩与影响，也正是他理论具体应用与实践的体现。

阿德勒的治疗模式实际上是一种基于成长的模式，而不是医疗的辅导模式，因此可以被应用在各种不同的领域，比如儿童辅导中心、亲子咨询、婚姻辅导、家庭辅导、团体辅导等。他的社会兴趣思想在教育实践中对个体的社会化过程具有积极的作用，对很多治疗方法和理论都有一定程度的影响。

2. 神经症及其治疗

在阿德勒之前，弗洛伊德就已经对神经症进行了系统地研究和治疗，而且产生了较大的影响。弗洛伊德认为，神经症在本质上是由潜意识中被压抑的本能冲动和欲望所引起的，而当患者能对此有所认识和理解时，症状就会减轻或者消除。按照这种观点，对神经症的治疗过程也就是治疗者采用“自由联想”（free association）技术帮助患者去探查和挖掘隐藏于潜意识中的病因的过程。阿德勒曾经步入了精神分析的圈子，是弗洛伊德最亲密的同事，他对该观点表示过赞同，但终因两人理论上的根本分歧而各成一派。后来阿德勒提出了与弗洛伊德有着显著区别的关于神经症及其治疗的理论并产生了深远的影响。

纵观阿德勒的个体心理学理论，我们知道阿德勒认为人人都有自卑感，为了克服这种自卑感而为自己设定目标而追求优越，而追求优越的手段和方法就是个体独特的生活风格。阿德勒认为，尽管这种生活风格由于个体的内部及外部条件的不同而千差万别，但总结概括起来也就两种类型，即健康的生活风格和错误的生活风格。前者指个体在克服自卑而追求优越的过程中使自己与他人、社会建立和谐、友好的关系，在自己追求优越的同时，也帮助了他人与社会追求优越；在自己获得完善与发展的同时，也促进了他人与社会活动完善和发展，从而把个体与社会有机地融为一体。这种生活风格是健康的，有效用的。后者是指个体把追求优越的过程置于以自我为中心的基础之上，自我的完善与发展仅仅是为了自己，具有自私性，把自我与他人、社会的利益对立起来。这样的生活风格是错误的、无效用的。

前面我们也介绍过，容易造成这种错误的生活风格的三种情况：个体器官的缺陷、被娇宠和被忽视。尽管这三种情况的生活环境各不相同，但是它们对个体的影响都是一样的，即他们都专注自我，缺乏合作能力及社会兴趣。阿德勒认为缺乏社会兴趣而只关注自我的人，时刻处在焦虑和没有安全感之中，他们在面对三大人生问题时，会陷入困境，无法应付，从而引发神经症。比如说，个体为了克服自卑，而又想不借助社会兴趣，个体便会采取一种高高在上、傲视一切的态度对待别人。

在阿德勒看来，神经症就是由一种缺乏社会兴趣的、错误的生活风格引起的，那么治疗的目的就是要改变患者的生活风格，培养其社会兴趣。具体过程要经过下列几个步骤：

第一，分析、确定患者的问题。治疗者要分析考察并了解患者所确立的生活目标以及由此表现出来的生活风格。比如说可以了解患者的出生顺序，早期的记忆以及梦境等。

第二，让患者认识自我。治疗者要让患者清楚他们内在的生活目标、生活目标与神经症之间的关系。

第三，培养社会兴趣。这是治疗的关键所在。患者仅仅认识到了自己的错误生活风格及其对社会兴趣的缺乏是不够的，他们必须具有社会兴趣，才能彻底改变错误的生活风格，形成健康的生活风格。

阿德勒的神经症及神经症治疗理论以及整个个体心理学理论对后来的心理治疗者提供了启示意义，比如罗杰斯（C. Rogers）的“来访者中心疗法[①]”、埃利斯（A. Ellis）的“合理情绪疗法[②]”、弗兰克（V. Frankl）的“意义疗法[③]”以及格兰瑟（W. Glasser）的“现实疗法[④]”都深受阿德勒的理论观点的启发，并把阿德勒的理论与治疗方法融入到各自的治疗体系当中。

3. 犯罪及罪犯矫治

**犯罪的原因**

阿德勒认为人生来就具有自卑感，个体总是努力地争取由卑下的地位上升至优越的地位，避免失败，追求成功，总在往高处走。这似乎也正是罪犯所追求的，罪犯的各种活动和态度都显现出他是在解决问题，克服困难，努力争取优越，但是这样看待罪犯，就忽视了阿德勒对“社会兴

---

① 来访者中心疗法是指人们完全是可以信赖的，本身有很大的潜能理解自己并解决问题，而无须咨询师的直接干预，在咨询过程中，个体能够通过自我引导而成长。

② 合理情绪疗法主要的观点就是造成个体问题的不是生活事件本身而是个体对事件的错误认识与态度。

③ 意义疗法即协助患者从生活中领悟自己生命的意义，借以改变其人生观，进而面对现实，积极乐观地活下去，努力追求生命的意义。

④ 现实疗法强调个体对自己的接纳以及对自己行为的负责，只谈“现在”与“行为”。

趣”的强调了。阿德勒认为虽然罪犯的这些活动似乎和正常人一样，可是他所追求的方向是错误的，因为他缺乏了社会兴趣，缺少了对同胞的关心。罪犯的目标总是在于追求属于他私人的优越感，所以他所追求的，对他人没有一点贡献，更不会与人进行合作。这种不合作最终导致了犯罪，所以阿德勒认为要想了解罪犯，就要对罪犯在合作中失败的程度和本质进行全面的分析，而这种程度与本质又是由个体的生活风格决定的。我们在理论部分介绍过个体生活风格的重要性，生活风格一旦形成便难以改变，并对在个体今后处理生活中的问题时起到指导和准则的作用。这也正是很多罪犯经过多次劳教之后，仍然重操旧业的原因所在。只要他们的生活风格没有得以真正地改正，他们依然会犯罪。在他们面对着三大人生问题——社交、职业和爱情及婚姻时，他们采取的仍然是错误的生活风格。阿德勒认为造成个体合作失败的环境主要包括以下几点，这在前面章节中都有详细的介绍，这里只作简单地介绍。

缺陷　我们一再强调，个体的身体缺陷会引起自卑感，虽然这种自卑感不是导致犯罪的直接原因，但是自卑感会使个体只关注自己，如果没有人将他的兴趣引向他人与社会，他便不会形成合作能力。

娇宠　这种经常被宠爱的孩子是不会有人教他要凭借自己的力量来获得东西的，他们以为只要自己开口，所有的人都会迎合他们。他们从未受过合作的训练，所以就不具有合作的能力。

忽视　从小被忽视的儿童，只认识到了别人对他们的冷漠，怀疑他人帮助自己的善意，不知道自己能用对别人有利的行为来为自己赢取感情与尊重，所以更不知道合作为何物。

罪犯人格的主要形状在其四五岁的时候就已经形成了，他在罪犯生涯中表现出来的对自己和对社会估计的错误，也是在这个时候造成的。我们要想培养他们的合作精神和社会兴趣，就必须了解这些原始的错误。如果我们也像老师体罚学生一样严厉惩罚罪犯，那么对改变他们的生活风格丝毫不起任何作用。其实每个罪犯都知道他不是在从事有用的生活面，他也知道有用的生活面是什么，但当他从事生活的无用面的时候，他也需要克服社会感觉，这也是为什么很多罪犯在犯罪的时候选择喝酒的原因所在。但是很多罪犯却因为懦弱，因为有用的生活面是需要与人合作的，而置这些有用的生活面于不顾，走上了犯罪之路。

**罪犯矫治**

罪犯之所以犯罪，是因为他们早期形成了错误的生活风格，使他们缺乏社会兴趣，缺少合作精神。要想真正地矫治一个罪犯，单靠在劳教所或者监狱中的鞭打与惩罚是起不到什么作用的，这和教育犯错误的学生是一样的道理。我们首先要教给罪犯合作之道。

从阿德勒的个体心理学理论中，我们知道人生来就具有自卑感，正是为了克服这种自卑感，个体会有两个方向可以选择：一个是带着社会兴趣来追求优越，阿德勒称这是完美目标，是有效用的一面，是正常的；另一个是完全追求个人的优越，阿德勒认为这是个人优势目标，是无效的一面，是无益的。罪犯往往属于后者，之所以选择了错误的方向，是因为在追求优越的过程中，他没有勇气和自信，有的只是懦弱。阿德勒说罪犯都是懦夫，他们在追求优越的过程中不是直面问题，而是选择逃避那些自我感觉应付不了的问题。我们可以在罪犯面对生活的方式中和所犯的罪行中看到他们的懦弱。比如阿德勒举过这样一个例子：有几个妇人用毒药犯下了很多谋杀案，其中一个妇人在因此而被送进监狱时，说："他的孩子病得奄奄一息，我只好用毒药毒死他。"这既是罪犯缺乏勇气和自信的表现，也是她逃避问题时选择的错误方式。如果罪犯仅仅是懦夫的话，还不至于犯罪，犯罪的原因是因为他们想要证明自己不是懦夫而是英雄，这也是他们追求个人优越感目标的一种手段和方法，只不过这种优越感是他自己幻想出来的，感觉自己是英雄，而警察都是笨蛋，永远不可能抓到自己。我们在教给他们合作之道的时候，必须考虑罪犯早期的处境的各种可能性以及他把它们运用至何种程度。

根据阿德勒的理论观点，我们知道罪犯的最大共同点就是缺乏合作精神，缺乏对别人以及人类的兴趣。我们要想对他们做出改变，就要培养他们的合作能力。我们自始至终都要抱着这样的观点：罪犯和其他人都一样，他的行为也是人类行为合理的演变。犯罪不是孤立的而是生活态度的病症，我们知道这种生活态度是如何造成的，就能坚定我们改变它们的信心。

但是要对每一个罪犯进行个别矫治是件艰巨的工作，而且大部分人在面对困难时合作的能力就会荡然无存，于是犯罪案件就会猛增。要立竿见影地把每一个罪犯或潜在罪犯都改造成循规蹈矩的人是不可能的。但是我们可以采取一定的措施来减轻他们不足以应付的生活问题的负担。比如阿德勒提出让每一个愿意工作的人都能获得职业；对孩子进行职业训练；对罪犯进行集体矫治，和他们一起讨论社会问题，改变他们对世界的个人解释以及对自己能力的过低估计，消除他们对所面临的情境和社会问题的恐惧感。

总之，如果个体不合作，对别人不感兴趣，而且也不想对社会做出贡献，那么他们所选择的生活必定是生活的无用面，最终会给他人和社会带来危害。只有讲究奉献的人，才会懂得如何与他人进行合作，才有足够的力量来处理生活中的困难，这也正是生活的有效面。

## 三、案例选摘

这里节选了阿德勒的两个经典案例，来描绘阿德勒心理学治疗的有关方法以及其间体现出来的理论思想，也借以来反映阿德勒的个体心理学理论在实践和应用中的重要作用。

1. 案例一①

本案例中的孩子13岁半，是家中的长子。

孩子11岁的时候，IQ是140。

可以说他是一个聪明的孩子。

自从进入高中第二学期以来，他几乎没有取得进步。

根据我们的经验，如果一个孩子认为自己聪明，他就很可能会希望无须努力就可以获得一切，其结果就是“聪明反被聪明误”，孩子常常因此而无所进步。例如，我们发现，这些孩子在青春期觉得自己要比实际年龄更成熟。他们想证明自己不再是孩子了。他们越是想这样去证明自己，就越会遇到更多的困难。于是，他们开始怀疑自己并不像

① ［奥］阿德勒著，彭正梅、彭莉莉译．儿童的人格教育，上海：上海人民出版社，2006：199～204.

他们所自以为的那样聪明。我们建议，不要告诉孩子他很聪明，即便他的智商是140。孩子智商高低，决不能让他们知道，也不能让家长知道。因为这就是一个聪明孩子后来却屡遭失败的原因之一。告诉他们智商是非常危险的。一个野心勃勃却没有把握正确的方法来获得成功的孩子，会去寻找一种错误的成功之道。这些错误之道包括患神经症、自杀、犯罪、懒惰、或消磨时光。孩子会找出无数的理由，来为自己无效的成功之道作辩解。

孩子最喜欢的科目是科学。只喜欢与比自己年龄小的孩子交往。

我们知道，孩子和比他年小者交往的目的是使事情对他来说要更容易一些，也是为了显示优越感和当年幼者的领袖。如果他喜欢和比他年龄小的孩子交往，那么，我们就会怀疑他怀有这样的目的。当然，情况并不总是如此，孩子有时也是为了显示自己的父性而与较小孩子交往。不过，这也有问题。因为孩子父性的表达会排斥他与比他年长孩子的交往。他会有意识地排斥与年长孩子交往。

他喜欢足球和垒球。

我们可以假设，他肯定擅长这两种体育项目。也许，我们会听说，他在某些方面很擅长，而对另一些方面则丝毫不感兴趣。这意味着，只有当他感到有把握获得成功的时候，他才会表现积极主动。一旦他没有成功的把握，他就会拒绝参与。这当然不是一种正确的行为方式。

他喜欢打牌。

这意味着他在浪费时间。

由于打牌，他便不会按时睡觉和做作业。

现在我们接触到对孩子的抱怨之真正所在，这些抱怨总是指向同一点：他没法取得学习进步，只是在浪费时间而已。

当他是婴儿的时候，发育缓慢。两岁以后发展迅速。

我们不知道他为什么在两岁前发育缓慢。可能是因为他受到了溺爱，造成了他发展缓慢的结果。我们可以看到，被溺爱的孩子无须说话、走路或发挥身体机能，因为他们喜欢一切都有人为他们做得好好的，因而也就没有了发育的刺激。他后来发育迅速的唯一解释就是，这期间他获得了发育成长的刺激。正是这样强烈的刺激才使得他成为了一个聪明的孩子。

他突出的性格特征就是诚实和固执。

仅仅知道他很诚实，这还不够。诚实自然是很好的品质，也确实是一个优点。不过，我们并不知道他是否在利用自己的诚实来批评和责备他人。诚实很可能是他自我吹嘘的资本。我们知道他喜欢做领袖和支配他人，因此，他的诚实便成了他优越感的一种表现。我们不能确信，如果处于不利环境下，他是否还继续诚实。至于他的固执，我们发现，他确实想走自己的路，喜欢与众不同，而不想仰人鼻息。

他欺负他的小弟弟。

这个陈述正是我们的判断。他想成为领袖，而弟弟不愿顺从，所以便欺负弟弟。从这可以看出他并不是非常诚实的。而且，如果你真正了解他，你还会发现，甚至可以说他是个骗子。他是自我吹嘘的人，并表现出一种优越感。不过，他所表现出现的实际上是一种优越情结。这种优越情结清晰地显示出，他内心实际上深受自卑感的折磨。由于其他人过高评价他，他便低估了自己。而又因为他低估了自己，所以不得不通过自我吹嘘来补偿。因此，过高赞扬孩子是不明智的，因为他会认为别人对他期望太高。如果他发现实现别人的期望并不十分容易，他就会开始害怕和担心，结果他就采取办法掩饰自己的弱点，例如欺负他的弟弟，等等。这就是他的生活风格。他感到自己不够强大、也不够自信去独立而恰当地解决他所面临的问题。因此，他便沉溺于打牌。当他打牌的时候，就没有人会发现他的自卑，即使他的学业成绩不佳。父母会以为，他成绩不佳是因为他总是打牌。这样就挽救了他的骄傲之心和虚荣之心。渐渐地，他也受到这个观点的影响："是的，因为我喜欢打牌，所以我学习不好；如果我不打牌，我的学习会是最好。但是，我确实喜欢打牌。"这样，他便获得了满足，他自我安慰说，他能够成为最好的学生。只要这孩子不理解他自己心理的这种逻辑，他就会沉溺于自我安慰，把自己的自卑感隐藏起来，既不让别人知道，也不让自己知道。若是他坚持这么做，他就不会发生变化，获得进步。因此，我们必须以一种友善的方式向他解释他性格的根源，并且指出，他的实际行为就像一个感到自己不能胜任自己任务的人，他感到自己强大不过是为了隐藏自己的弱点和自卑感。我们应该通过友好的方式和不断的鼓励来做这一切。我们不应该总是赞扬他，赞扬他的智商高——这种不断的赞扬可能使他害怕自己不能永远取得成功。我们十分清楚，智商在孩子的后来生活中并不起很重要的作用。所有实验心理学家都指出，智商只不过揭示了测试当时的情况。生活是复杂的，并不是通过测试就能认识清楚。高智商并不能代表孩子真的能够解决生活中的所有问题。

孩子的真正问题在于他缺乏社会兴趣，在于他的自卑感，而这必须向他解释清楚。

2. 案例二①

本案例涉及的是一个10岁的女孩。

由于她在算术和拼写方面有困难，便被送到我们诊所接受指导和治疗。

算术对于被溺爱的孩子来说通常都是一门困难的学科。这并不是说被溺爱的孩子算术肯定不好。不过，根据我们的经验，情况的确常常如此。我们知道，左撇子通常都有拼写困难，因为他们习惯从右向左看，从右向左阅读。他们同样能够正确地阅读和书写，只不过方向相反而已。这一点通常并不为人所知。人们只知道他们不能阅读，也只简单地说他们不能正确地阅读和拼写。因此，我们认为，这个女孩可能是左撇子。也许她拼写有困难还有其他的原因。若在纽约，我们就必须考虑她可能是来自其他国家的移民，因而不熟悉英语。若是在欧洲，我们就不必考虑这个可能性。

她过去历史的重要之处：她的家庭在德国丧失了大部分财产。

我们不知道她何时从德国移民。这个女孩也许曾经有一段幸福时光，而现在这一切都结束了。新环境就像是一种测试，揭示出她是否受到与人合作的训练，是否具有社会意识，是否具有勇气，也会揭示出她是否能够承受贫穷的重负，换句话说，这些意味着她是否学会了在生活中与人合作。从她目前的情况来看，她与人合作的意识和能力

① ［奥］阿德勒著，彭正梅，彭莉莉译．儿童的人格教育．上海：上海人民出版社，2006：209～215.

是有所欠缺的。

她在德国时还是个好学生，8 岁的时候离开德国。

这是两年以前的事情。

她在美国学校里的情况并不好，因为她拼写困难，而且这里的算术教学方式也与德国不同。

教师并不总能照顾到学生的这些问题。

母亲溺爱她，她也非常依恋母亲。她对父母亲的喜欢是一样的。

如果你问孩子“你最喜欢谁，母亲还是父亲?”，他们一般会回答说“我都喜欢!”他们被教育作如此回答。有许多方法可以测试这种回答的真实性。一个较好的方法就是把孩子放在父母亲中间，我们和父母说话，这时孩子会转向她最喜欢的人。同样，当孩子走进父母的房间时，她会走向她最喜欢的人的身边。

她有一些同龄的女朋友，但并不很多。她最早的记忆是，她 8 岁在德国和父母住在乡下，那时她经常在草地上和小狗玩耍。她家那时还有一辆马车。

她仍然记得她曾经的富裕生活、草地、小狗和马车。这就像一个破败的富人，总是回首他曾经拥有的汽车、马匹、漂亮的房子和佣人，等等。我们可以理解，她对目前的状况感到并不满意。

她常常梦到圣诞节，梦到圣诞老人给她的礼物。

她在梦里所表达的愿望和现实中一样。她总想获得更多的东西，因为她感到自己被剥夺了很多，因为她想重新获得她过去所拥有的一切。

她经常依偎着母亲。

这是一种丧失勇气和在学校遭遇到困难的迹象，我们向她解释说，虽然她比其他孩子遭遇到了更多的困难，不过，她可以通过勤奋努力和勇气获得学习的进步。

她再来诊所时，是一个人来的，妈妈没有陪着。她的学习有所进步，在家里，她独自做自己的事情。

我们曾经建议她争取独立，不要依赖她母亲，要独立去做自己的事情。

她为父亲做早餐。

这是培养合作感的一个迹象。

她认为她更有勇气了。她和我们谈话时似乎也更自在、从容了。

我们要求她回去把她母亲带来。

她和母亲一道来了，这是她第一次来诊所。母亲一直工作很忙，之前脱不开身。她对我们说，这女孩是个养女，是在两岁时收养的。女孩不知道自己是养女。在她出生的头两年，她先后被转送了 6 处人家。

孩子的过去生活并不美好。她似乎在生命的头两年遭受很多苦难。因此，我们所面对的是一个曾遭人唾弃、忽视而后来又受到很好照顾的女孩。她很想紧紧抓住目前这种良好的处境，这是因为她对早年痛苦生活的无意识的印象。她对那两年的印象也许太深刻了。

当这位母亲领养女孩的时候，有人建议她要对孩子严格管教，因为女孩出自一个不好的家庭。

给出这个建议的人对于遗传说中毒太深。如果她对孩子严格管教了，而孩子仍出现了问题，这人就会说，“你看，还是我对吧！”殊不知孩子成为问题儿童，也有他的一份责任。

孩子亲生母亲是个坏女人，这使得养母感到自己对于这个女孩责任重大，因为她并不是自己的孩子。养母有时还体罚孩子。

对于女孩来说，现在的情况并不比以前好多少。养母对她的溺爱态度有时会突然中止，而代之以严厉的惩罚。

养父溺爱这个孩子，满足她一切需求。如果她想要什么。她不是说“请求您了”或“谢谢”，而是说“你不是我妈妈”。

孩子要么知道事情的真相，要么碰巧说了这么一句击中要害的话。曾有一个20岁的男青年认为他的妈妈不是自己亲生母亲，而他的养父母发誓说，这孩子肯定不知道真相。显然，这青年获得了这种感觉。孩子能从很细小的事情上得出结论。本案例中孩子的养母认为“孩子不可能知道她是收养的”。不过，孩子自己可能已经感受到这一点了。

不过，这女孩只对妈妈而不是爸爸说这样的话。

因为她没有机会攻击爸爸，因为爸爸满足了她一切的要求。

她妈妈不能理解孩子在新学校的行为变化。孩子现在成绩不佳，她便体罚孩子。

成绩不佳，已使可怜的孩子感到蒙羞和自卑，回家又要受到母亲的责罚。这太过分了。甚至成绩不佳和母亲责罚，其中之一就已经过分了。这一点值得教师深思。他们应该认识到，一旦他们给出不佳的成绩单，那么这就是孩子在家里得到更多惩罚的开始。明智的教师应该避免给予学生这样的成绩单。

这孩子说她有时会忘记控制自己，突然发脾气。她在学校情绪激动亢奋，扰乱课堂。她认为自己必须永远第一。

对于这种欲望，我们表示理解。因为她是家里唯一的孩子，并习惯了从爸爸那里获得她想要的一切。我们也很能理解她喜欢成为第一。我们知道，她过去拥有乡村的草地等，现在却被剥夺了过去的一切优势。因此，她现在更为强烈地追求优越感。不过，她没有找到正确的表达渠道，便忘乎所以，制造麻烦。

我们向她解释，她必须学会与人合作，她的激动亢奋是为了成为关注的焦点，她发脾气也是为了让每个人看着她。她妈妈向她发怒，为了对抗妈妈，她便不努力学习。

她做梦的时候，圣诞老人给了她很多东西，但当她醒来的时候却发现自己一无所有。

她总想唤起一种曾经拥有一切而“醒来时却一无所有”的情绪。我们不要忽视这其中隐藏着的危险。如果我们在梦中唤起这种情绪，而醒来时却发现一无所有，那么，我们自然会感到失望。不过，梦中的情绪和醒来时的情绪是一致的。换句话说，梦中唤起的情绪目的不是为了唤起一种坐拥一切的辉煌感，而恰恰是为了唤起一种失望感。她做梦就是为了达到这个目的，即体验一种失望感，很多抑郁的人都做着类似的辉煌的梦，醒来时却发现现实中的一切与梦境相反。我们理解，这女孩为什么喜欢一种失望感。她觉得自己前途一片黑暗，于是就想把一切归咎于自己的母亲。她感到自己一无所有，而她的母亲什么也不给她。“她还打我屁股；只有爸爸才满足我的要求。”

下面对这个案例做个总结。女孩总是追求一种失望感，从而把这种情绪归咎于自己的妈妈。她这是在和妈妈抗争。如果我们想停止这种抗争，我们就必须使她相信，她在家里、梦中和学校的行为都是基于完全相同的错误模式。她错误的生活风格主要是由于她来美国时间太短、尚不能熟练掌握英语而造成的。我们要使她相信，这些困难本来很容易克服，而她却故意利用它们作为对付妈妈的武器。我们也必须说服妈妈停止责罚孩子，这样就不会给她一种抗争的借口。我们还必须让孩子认识到，“我之所以精神不集中、控制不住自己，并发脾气，就是因为我想给妈妈制造麻烦。”如果她认识到这点，那么她就会停止自己的不良行为。在她没有认识到自己在家里、学校和梦境中的所有经验和印象的含义之前，要改变她的性格自然是绝无可能。

这样，我们就看到了什么是心理学。心理学就是试图了解一个人如何使用他自己的印象和经验。换句话说，心理学就是要尝试了解孩子用来行动和对刺激做出反应的感知图式，尝试了解他如何看待刺激、如何对刺激做出反应以及如何运用它们来达到自己的目的。

# 第五章　评价

## 一、历史地位

阿尔弗雷德·阿德勒一生中最重要的积极贡献是创立了个体心理学，树起了一座人类精神向崇高境界发展的历史丰碑。他开创了心理学史上一个重要的流派，对人类个体的研究做出了不可忽视的贡献。从某种意义上说，阿德勒是人类历史上第一个深入到个人心理的最深处，以科学的态度探究人的成功与失败的动机和原因的学者，他取得的成就丰富了人类对自身精神世界奥秘的认识。凭此一点，把阿德勒喻为心理学发展中里程碑式的人物是完全合适的。

随着社会的发展，以弗洛伊德为代表的古典精神分析学派的许多理论观点越来越与时代精神相背离。与弗洛伊德强调无意识欲望，特别是性的欲望以及俄狄浦斯情结在个体发展的作用不同，阿德勒特别强调个体的主动性和创造性，注重个体对优越目标的追求，并且为个体描绘了一幅积极乐观的图画。同时，阿德勒还注重个体与自然、社会的关系，强调遗传与环境对个体发展的双重作用，具有明显的社会倾向，加强了人们已经增长着的对于社会科学的兴趣，也为传统的精神分析重新确定了研究方向。

1. 在精神分析中的地位

个体心理学理论体系的创立是阿德勒与弗洛伊德决裂

的直接结果，是批判并发展精神分析理论的产物，是精神分析学派内部第一个反对弗洛伊德理论的心理学体系的形成，是从注重本能和个体因素的古典精神分析向注重社会和群体因素的新精神分析过渡的中介。

阿德勒以与弗洛伊德分裂为代价，批判了弗洛伊德理论的生物学倾向，尤其对其性本能、潜意识等概念与观点进行了批判，揭示了弗洛伊德理论的人为性和不真实性，比如性本能、俄狄浦斯情结等。虽然阿德勒曾经是弗洛伊德精神分析学派的重要一员，并且在推动精神分析运动上发挥了极大的作用，而且即使阿德勒与弗洛伊德决裂之后，他们的研究在对象、所采用的术语以及方法上都存在某种相似之处，但是两者在理论观点上还是存在很大的差异。阿德勒沿着社会科学的方向发展自己的理论体系，在某种程度上，阿德勒的个体心理学就是一种社会心理学，远离了弗洛伊德的精神分析理论，“与荣格相比，阿德勒似乎走得更远”，这是弗洛伊德对阿德勒的评价。然而，也正是这些差异，也正是这种远离，给精神分析注入了新的血液，带来了新的气息，并且使精神分析理论在科学的道路上能走得更远，对社会各界的影响更深。

从阿德勒与弗洛伊德关于阳具嫉妒的争论上，我们也能清楚看出两者在理论上的差异以及阿德勒对弗洛伊德理论上的偏颇进行修正的痕迹。弗洛伊德认为阳具嫉妒是女性向往能拥有阳具的一种普遍的、生而具有的欲望；而阿德勒则用男性的反抗来代替阳具嫉妒，认为男性的反抗主要是社会文化的产物，强调了人的社会性。阿德勒认为在当时的社会文化当中，因为过于重视男性，女性受到歧视，才导致了女性渴望具有男性一样的平等地位，甚至更高的地位。阿德勒的一点观点强调了个体的社会性和主观能动性，强调了在个体的发展过程中起决定作用的不是生物学因素，尤其是性本能和潜意识，而是人的意识性和创造性。

阿德勒的个体心理学提出了很多开创性的概念与理论，比如他提出了自卑情结的概念，现在自卑情结已经广为流传，简直成了阿德勒或阿德勒的个体心理学的代名词。他还对补偿的内涵进行了扩展，不仅仅包括生理上的补偿，更重要的是还包括了心理上的补偿。尤其是其个体心理学对人性的解读，被人们称为理解人性的百科全书，为深层心理学理论与实践做出了重要的贡献。阿德勒的这些富有创新性的概念、观点及理论对新精神分析学派产生了直接而积极的影响。比如，阿德勒强调个体的社会性，认为人格的形成与人的主观因素以及社会因素有关。这种观点影响了后来的凯伦·霍尼①（Karen · Horney，1885—1952）、哈里·斯塔克·沙利文②（Sullivan hany Stack，1892—1949）和埃里克·弗洛姆③（Erich Fromm，1900—1980）等一批社会文化学派的代表人物。阿德勒强调个体的主观能动性，注重人对理想目标的追求，并持有乐观的人性观，

---

① 霍尼创立了新的神经症理论，领导了新的精神分析运动，并成为精神分析的社会文化学派的领袖人物。

② 沙利文是美国著名的精神医学家，精神分析的社会文化学派的主要代表人物。他将精神医学界定为研究人际关系的科学，特别重视人际间的相互作用对人格的影响，故其理论被称为精神医学的人际理论。

③ 弗洛姆是著名的心理学家、社会学家和哲学家，他非常关注人所遭遇到的各种困境，并试图用他的人本主义精神分析理论和方法对困境进行改善。

提出了创造性自我的概念，海因兹·哈特曼[①]（Heinz Hartmann 1894—1970）、艾里克·埃里克森[②]（Erik Erikson，1902—1994）等正是受这一观点的启发和影响，创立了自我心理学理论，并对自我进行全面的阐述。而且这一思想还影响了罗杰斯、马斯洛、罗洛·梅等一批人本主义心理学的主要代表人物。总之，阿德勒的个体心理学对后来的很多心理学派都有影响，目前阿德勒是大家公认的社会文化学派、自我心理学和人本主义心理学三大流派的先驱。

概括起来，阿德勒的个体心理学在精神分析中的地位与贡献主要体现在两个方面。第一，阿德勒的个体心理学扭转了精神分析的研究方向，开始强调人的社会性以及社会因素的作用，而不再是注重生物学因素，这对尔后发展起来的社会文化学派产生了重要影响。第二，阿德勒的个体心理学强调自我和意识的重要性，恢复了其在精神分析中的地位，使自我成为新精神分析学派研究的重要内容，并对自我心理学产生了重要影响。自此，作为个体的人不再是消极被动的人，而是具有了积极主动性。

2. 在心理学中的地位

**扭转了心理学学科发展方向**

冯特于 1879 年在莱比锡大学建立心理学实验室，这标志着科学心理学的诞生。在接下来一百多年的发展中，虽

---

① 哈特曼对自我心理学做出的贡献可谓是继安娜之后对自我心理学发展的第二座里程碑。

② 埃里克森发展了哈特曼的思想，提出了以自我为核心的人格发展渐成说，使自我心理学的发展达到新的水平。

说诸学纷呈，学派林立，但是主流心理学[1]始终占据着主导地位。弗洛伊德脱离这种主流心理学的模式，开创了精神分析心理学，自成体系。它脱离学院派的束缚，从临床经验中发展而来，在一定程度上打破了主流心理学独霸天下的局面。但是弗洛伊德的古典精神分析依然沿袭着机械的、因果决定的、自然科学的思想与标准进行研究，追求的仍然是心理学的客观性，所以并没有完全摆脱冯特以来的主流心理学的框架。

阿德勒在与弗洛伊德决裂之后，创立了自己的个体心理学。他的个体心理学被心理学史家墨菲盛赞为心理学史上第一个沿着社会科学方向发展的心理学体系。但是阿德勒与弗洛伊德之间的分歧，最根本的还是起源于对研究对象——个体人的看法上的不同，而不是他们的心理学学科性质不同，换句话说前者的不同决定了后者的差异。我们都知道弗洛伊德认为人的行为受潜意识的决定，强调生物学因素，尤其是性本能的决定作用，他完全把人看成了消极被动的动物，具有悲观主义色彩。相反，阿德勒却强调人的意识的重要作用，认为人是在创造性自我的统领下，不断克服自卑，发掘社会兴趣，并不断追求优越目标。阿德勒强调人的主观能动性以及社会性，为人类描绘了一幅较为乐观的人性图画。他反对以自我为中心，主张以社会为中心，为了全面发展个体的人格，就必须培养个体的健康社会观；为了顺利解决三大人生问题，就必须与他人合

---

① 主流心理学主要按照自然科学的模式发展，注重实验与实证研究，遵循因果决定论，着重对心理或行为的简单过程作基本规律的纯科学研究。

作。阿德勒坚信个体决不能脱离他人与社会而单独存在，应培养个体的社会兴趣及其与他人合作的能力。正因为阿德勒把人看成是一个社会性的动物，把人的一切行为都放在其所处的环境中加以理解和研究，所以他的个体心理学体系实质上是一种社会心理学，从而沿着社会科学和人文科学的方向发展，他也因而被认为是社会文化学派、人本主义以及自我心理学的先驱。

而且阿德勒更为注重实践与应用，所以阿德勒的个体心理学在应用上远远超出了弗洛伊德古典精神分析影响的狭小范围。因为阿德勒强调自卑感、追求优越和社会兴趣，他的理论被广泛地应用于青少年犯罪问题、心理治疗和教育领域。阿德躬身亲行，在很多学校设立儿童指导诊所，到处游历演讲，从提高社会兴趣入手，引导人们克服自卑，追求优越，且语言通俗易懂。阿德勒的个体心理学是了解人性的百科全书，它不仅是一门科学，更是健康有益的生活哲学，弥补了人类的信仰空白——追求优越，不仅仅是个体的优越，还有整个社会的优越、社会的和谐、人类的幸福，这些才真正是人类生活的意义所在。这也正是阿德勒的个体心理学广受人们欢迎和喜爱的原因之一。

阿德勒把心理学引向社会科学方向的历史意义非常重大。我们知道心理学研究的对象不像物理、化学等自然学科那样具有严格的客观性，心理学研究的对象——人，具有自身的独特性，既具有自然性，又具有社会性，是自然与社会高度综合的统一体，单从自然性上来研究人，既不全面，也不科学。研究的结果当然也就不具有推广性以及应用的价值，如此一来，心理学这门科学自身也就存在着困境与危机。在阿德勒的个体心理学的影响下，心理学的研究开始顾及其本身的社会科学方面，促进了其科学而全面的发展，这也应该是未来心理学发展的大趋势和主流。

**充实了心理学研究的内容**

阿德勒的个体心理学独特之处就在于他对个体人的独特看法，这也正是它的理论前提。首先阿德勒强调人的社会性，重视从社会的层面上去看待人和理解人，并且阐述了一切正常与失常的人的行为，总结出了两种生活风格——健康的生活风格和错误的生活风格，并且把人划分为四种类型：统治—支配型、索取—依赖型、回避型和社会利益型，这极大地丰富了人格心理学理论。

其次是阿德勒关于出生顺序的研究，它揭示了出生顺序在个体发展过程中的重要作用，是对个性研究做出的特别有意义的贡献，并且引起了后人对出生顺序的研究的极大兴趣。阿德勒还强调人的独特性，即个体的生活风格的独特性，认为每个人的生活风格都是个体在遗传因素和所处环境的相互作用下形成的，并通过个体的动机、价值观、兴趣、处理事情的方式等表现出来。

阿德勒在心理学上的另一个贡献就是他提出了创造性自我的概念。弗洛伊德把人看做是受生物本能和环境所决定的，人是消极被动的，并且认为自我只是服务于天生本能——本我——的一种心理过程，是从本我中衍生出来的；而阿德勒则认为人类的行为并不是完全被决定的，自我具有主观能动性，个体能够通过创造性自我的主动选择，通过追求优越和采取补偿作用，来克服遗传和环境的部分影响，这对于后来的自我心理学以及人本主义心理学产生了积极的影响。

最为重要的是，阿德勒恢复了意识在心理学研究中的主要地位。弗洛伊德强调潜意识的决定作用，把意识仅仅作为冰山之一角。他认为潜意识是人的心理的根本动力，意识只是潜意识的附庸和陪衬。与之相反的是，阿德勒虽然承认潜意识在个体心理活动中的作用，但是他更强调意识的重要作用。在阿德勒看来，个体都是有意识的，对自己的行为都有清楚的了解，他能意识到自身的自卑，意识到设定的目标，并为之努力奋斗，在这过程中又会不断地做出调整。而且在个体身上，意识与潜意识不是截然分离的，而是相互统一的。比如个体为了克服自卑感而努力追求优越，对之进行补偿，这些都是在意识的作用下进行的。这样阿德勒便贬低了弗洛伊德关于潜意识性欲在人格发展过程中起主导作用的观点，恢复了意识在心理学研究中的重要地位，使他的理论带上了注重未来（尤其是未来意识）、强调个人选择性的目的论色彩。

而且，阿德勒重新强调了整体研究的方法论原则。自从冯特创立实验心理学以来，正统的学院心理学基本上都是采取实证分析和还原论的方法倾向，而且这种对人的心理现象的具体分析确实促进了人们对心理“黑箱”中许多现象的认识，但是分析与综合作为人类获得认识的基本途径是不能截然分开的，在分析的基础上还要有整体的把握。阿德勒强调人的整体性，认为个体是不可分割的有机统一体，其意识与潜意识、主观性和客观性、个体性与社会性都是个体不可分割的特性。即使是对单一个体的研究，也应该把他放在家庭、所处环境及社会意义场中，通过对其自卑感、优越感、生活风格的性质和社会兴趣的发展程度等的分析，进而全面地理解和研究人。

阿德勒还改变了人们对遗传与环境问题的看法。遗传与环境的问题一直都是人们争论的焦点，概括一下主要由三种观点：第一种是遗传决定论；第二种是环境决定论；第三种是遗传与环境相互作用论。阿德勒更倾向于第三种观点，并且对此做出了进一步的发展。阿德勒认为个体的发展是遗传与环境相互作用的结果，并且这种相互作用必须由创造性自我加以整合才能发挥作用。

## 二、现实的影响

阿德勒对个体心理的出色研究和他取得的卓越成就，以及他为全人类描绘的终极目标——社会和谐和人类幸福，使他的个体心理学吸引了越来越多的研究者和追随者，阿德勒的个体心理学理论带给人类的影响是巨大的 。所以在1949年的时候，著名的心理学家奥尔波特就曾预言说：“我们可以预见，个体心理学在20世纪将迅速发展，因为唯有借助于它的帮助，心理学才能符合它所研究和服务的人类本性。”

阿德勒强调的合作能力、社会兴趣以及奉献的生活意义使他的理论又一次得到了极大地普及。他被无数的教师、咨询者和治疗者所接受，并激起了人们对他提出的理论观点进行大量的研究，比如说，出生顺序对人格的影响，早期教育对个体发展的重要性，以及合作能力的培养。越来越多有影响的人物认为阿德勒的贡献甚至比弗洛伊德还要大。埃利斯就曾经说过：“阿德勒较之弗洛伊德更有可能成为真正的现代精神治疗之父。其中理由是：阿德勒创立了自我心理学，这方面弗洛伊德才刚刚发现。阿德勒是人本主义心理学创始人之一……他注重整体，注重目标的追求，注重价值观在人类思维、情感和行为中所起的作用。他正确地看到，虽然性的内驱力和性的行为对人类起了重要的作用，但是它更多的是人类非性欲人生观的结果，而不是这种人生观的原因……

不难发现，从某种意义上来说，任何当代著名的心理治疗家取得的成就都应归功于阿德勒所创立的个体心理学。”

1. 新阿德勒学派的发展

阿德勒的个体心理学自从创立之日起，由于其理论贴近生活，更注重实际应用，尤其在治疗和教育领域具有积极和现实意义，而在国际上引起了广泛的影响，备受社会各界的关注与重视，随着追随者的大量增加，很快就形成了一个新阿德勒学派。目前在欧美许多国家中共有三十多个按照个体心理学体系培训学员的训练机构，还有一百多个阿德勒式的分支组织。在美国、德国、瑞士、奥地利、法国、荷兰、意大利和英国等甚至建立了全国性的阿德勒研究学会，成为“国际个体心理学会”的重要成员。相继出版的有关刊物有《个体心理学杂志》、《个体心理学》、《个体心理学季刊》、《新闻通讯》等。这些组织经常举行各式各样的学术研讨会，开办阿德勒培训学院，建立家庭教育中心和研究小组。其中最有特色的在于美洲，主要是巴西的阿德勒心理学会。在德雷克斯（R. Dreikurs）的领导下，开展了大量的研究和宣传活动，并在心理治疗和教育领域产生了积极的影响。其中国际个体心理学会每三年举办一次，并在不同的国家举办为期两周的阿德勒暑期学校讲习班，极大地推动了阿德勒个体心理学理论和技术观点的迅速传播与推广。

阿德勒去世之后，新阿德勒学派的最主要的代表人物有阿德勒的女儿和儿子以及安斯巴切、德雷克斯等人，尤其是德雷克斯，1937 年之前他主要在维也纳从事精神病学实践，帮助建立父母与儿童指导中心，并在维也纳倡导建立社会精神病学，开创群体心理治疗。1937 年他离开了奥地利，先在巴西开设讲座并组建了阿德勒学会。而后先后在美国、加拿大以及其他国家从事个体心理学的培训工作。20 世纪 40 年代，他提出了心理治疗的“两次谈话”法，50 年代又提出了音乐疗法，并且还把“心理剧”作为心理治疗的一种辅助手段。他非常关心价值观，尤其是民主生活和社会平等，并把这些视为社会兴趣和心理健康的基础。可以说，在阿德勒去世后，德雷克斯成为了个体心理学的实际领导者，并对阿德勒个体心理学的推广与发展做出了积极的贡献。

2. 对心理咨询及治疗的影响

阿德勒的个体心理学强调个体的主动性和创造性、克服自卑感、追求优越及发展社会兴趣。这些是阿德勒描述个体人生发展的历程，也是衡量个体心理健康的标准。阿德勒认为精神病患者、神经症患者、酗酒者、性欲倒错者、自杀者以及罪犯等都是生活的失败者，都是由于错误的生活风格导致的。而错误的生活风格之所以产生，是由于个人专注于夸大了的个人优越感并缺乏足够的“社会兴趣”。如果一个人缺乏对社会的兴趣和与他人的合作精神，而自己的生活目标又遇到困难不能达到，人的心理就不平衡、不正常了。

所以阿德勒设定的治疗者的工作目标就是通过分析患者的生活风格，帮助患者提高社会兴趣，面对现实，重新选择富有意义的生活目标。这是阿德勒的个体心理学相当独特的特征，也是它广受人们欢迎的重要原因。因为它通过提高个体的社会兴趣，改变了个体在生活中的价值观念，从而使个体重新树立了生活目标，摆脱了信仰的危机并填补了信仰的空白。

阿德勒在其心理治疗中强调自尊、同情和平等的重要性，卡尔·罗杰斯（Carl. Rogers，1902—1987）受到这一观点的影响，从而创立了“来访者中心疗法”。阿德勒在治疗中重视与患者的分析讨论，并以此增进患者对自己错误的生活风格的顿悟及对自己生活目标的认识。这一点与埃利斯创立的“合理情绪疗法”存在某种相似之处，所以埃利斯曾称：每次重温阿德勒，都会使他十分惊讶于个体心理学的主要原理与自己的合理情绪心理治疗竟是多么相似。弗兰克创立的“意义疗法”，其治疗的目的就是协助患者从生活中领悟自己生命的意义，借以改变其人生观，进而面对现实，积极乐观地生活下去，努力追求生命的意义。另外，还有格兰瑟创立的“现实疗法”，格兰瑟否定精神病这一观念，认为这不过是个体不负责任的借口而已，他强调个体要为自己的行为和人生负责，这也是现实疗法的主要目标。无论过去的经历如何凄惨，每个个体都要勇于面对现实，努力满足自己现在的需要。他们这些心理治疗的思想观点都深受阿德勒的理论以及所提出的心理治疗模式与目标的影响。

阿德勒的理论及治疗思想对后来的新阿德勒学派也有着广泛的影响。新阿德勒学派在临床治疗方面，成绩最为突出的是对早期回忆和家庭情境的研究。例如，R.L. 芒罗（1955）认为早期回忆实际上是目前广泛应用的投射测验法的早期倾向。沃伦（1982）等人在研究中发现，早期回忆可用来预测个体目前的人格模式。在他们看来，人的记忆是有选择性的。尤其是心理疾病患者的记忆更能反映其当前生活的态度，这种态度模式便可为心理治疗提供一种参照标准。在家庭情境研究中，有些研究者重视出身顺序对个体生活风格的影响，并设计了相应的量表和问卷，此有人运用一般规律研究法来研究出身顺序与生活风格的关系。

阿德勒的个体心理学对心理治疗工作的影响是极大的，许多治疗者和治疗方法及技术都深受它的影响，甚至整个精神病学都受到了它的影响。这也正如米洛在纪念阿德勒的百年诞辰一文中所说①："如果没有阿德勒先锋的热情，几乎不可能有整个社会精神病学"（Meerloo，1970）。

3. 对教育的影响

阿德勒重视心理学知识的实际应用，他把在心理治疗中阐发的理论应用于社会生活中，大声疾呼重视儿童早期教育，强调家庭环境和气氛对个体发展过程的影响作用。阿德勒一直坚持人的可教育性，认为通过教育可是培养个体的合作能力，发掘个体的社会兴趣，形成健康的生活风格，使个体顺利通过三大人生问题——社交、职业和爱情及婚姻，而且能更好地促进社会的和谐进步，实现人类的幸福生活。

---

① 沈德灿著．精神分析心理学．杭州：浙江教育出版社，2005：219.

**家庭教育**

阿德勒的个体心理学强调家庭教育对于个体发展的重要影响作用。个体从出生起，就与父母等家庭成员产生了一定的联系，并接受着家庭的教育。阿德勒认为，母亲在教育个体的过程中作用尤为突出和关键。她不仅给孩子提供了物质的保障，而且提供了精神上的食粮，她是孩子合作能力的启蒙者，也是孩子在以后生活中与他人及社会合作的示范者，是孩子通往他人与社会的桥梁。只有在母亲的言传身教下，孩子的先天潜能——社会兴趣才能得到充分地发掘和发展。所以，母亲对孩子的教育是个体今后能否顺利解决三大人生问题的最初保障。

阿德勒认为，在家庭教育中，父亲所起的作用与母亲同等重要。父亲的作用主要体现在：为孩子提供一个和谐幸福的家庭，扮演着一个好丈夫——与妻子平等相处，是生活的成功者，也即顺利地解决了三大人生问题——有自己的朋友圈，有自己的事业，并且家庭幸福美满。这些无形当中为孩子树立了良好生活风格的榜样，对培养孩子的合作能力以及社会兴趣都起到了良好的示范作用。

从情理上讲，每位父母都希望自己的孩子能够顺利发展，生活幸福。但是，在现实生活中并不是每个父母都是成功的教育家或心理学家，他们在教育孩子的过程中有意无意地在犯着错误，对孩子的发展造成了不良的影响。比如，父母不知道如何鼓励孩子，会造成孩子的自卑；父母的娇惯，会使孩子养成以自我为中心的个性；父母的一时疏忽，会使孩子产生了被忽视感，对他人及社会冷漠。这些都是我们亟待解决的问题，也更体现了家庭教育的重要性。父母是孩子的第一任老师，是孩子进入社会，融入他人生活的榜样，父母要意识到自己责任的重大，在对孩子的教育上悉心指导，避免孩子形成错误的生活风格。

**学校教育**

正因为有那么多的父母不是成功的教育家和心理学家，以及由此而使孩子养成了不健康的生活风格，给自身、他人以及社会带来了一定的危害，妨碍了社会的进步，影响了人类的幸福，所以阿德勒更加强调学校教育的作用。他认为将所有的父母集中起来进行家庭教育方面的培训是不可能的，而且那些特别需要培训和指导的父母更为顽固，更加不可能来参加培训，所以要解决孩子错误的生活风格的问题，也能有依靠教师及相关教育者的努力。所以阿德勒认为，学校教育是家庭教育的延续。学校教育的目的就是减轻父母教育的负担，并继续完成父母没有完成的工作——培养个体的合作精神和社会兴趣，增强个体顺应社会的能力。

教师的作用同母亲的作用非常相似。他先要观察注意学生是否存在自卑感，一旦发现就要及时鼓励其正确认识自卑感，激发学生的勇气和创造性自我，鼓励他多与他人进行合作，培养其社会兴趣。教师还要能发现并纠正家庭教育在学生身上形成的错误的生活风格，比如自私、自我中心、冷漠等表现。教师还要充分了解学生的兴趣所在，以兴趣为基点，不断扩展学生对其他方面的兴趣，并不断鼓励学生之间的合作与相互关心，让他们体验与人分享的快乐，最终在此基础上形成正确的价值观、人生观以及生活的意义。阿德勒认为学校教育的重点绝不仅仅局限于知识的传授，而更应该包括其个性的培养及完善，以及不断发展学生的社会兴趣，领悟生活的意义之所在。

阿德勒自身也在儿童教育问题上作出了杰出的贡献。他在维也纳的几十所学校里设立了“儿童指导诊所”，同时还为教师提供咨询服务。阿德勒经常亲自授课关于儿童心理学的临床讲义，指出成长期的儿童经历的重要性，并认为早期记忆是影响一个人的重要心理状态。他还致力于推广社会性在人生命中扮演的重要角色，讲述合作才是人一生中必须努力遵循及学习的重点。

阿德勒提出现在流行的教育理想：我们应该教儿童不但要为自己着想，还要为他人着想，应该教他们熟悉文学、艺术和科学，应该让他们分享全部的人类文明，我们要的是在文明的共同工作中结成平等、尊重、和平的伙伴。阿德勒在教育领域取得的成绩以及重要影响不仅局限在当时社会的教育领域，而且对现时社会中的教育问题以及未来的教育都起着重要的影响作用，阿德勒的理论观点和实践应用正越来越广受人们的欢迎和喜欢。近来将阿德勒的个体心理学理论运用到幼儿教育、大学生贫困生教育以及学生心理健康教育上的实例越来越多，相应的研究更是不计其数。正是因为阿德勒的个体心理学理论观点与时代精神相适应，所以他的理论再一次受到了社会各界的重视与关注。

而且在阿德勒去世后，新阿德勒学派在阿德勒理论思想的指导下，在教育领域业取得了优异的成绩。新阿德勒学派的许多成员都致力于创办个体心理学实验学校，具体地实践和发展阿德勒的教育理论，其目的就是培养具有正确社会兴趣、良好生活风格的人。有人甚至把完整的学校体系改变为用阿德勒的方法教学，在某些方面他们和人本主义心理学的教育观相结合，形成了一种个体教育思想，在一定程度上推进了当代教育的发展。

4. 对时代发展的影响

阿德勒认为自己的个体心理学是所有目的在于增进人类福利的伟大运动的学科。他提出的“健康的生活风格”、“追求优越”以及“社会兴趣”等概念意义重大，小到作为个体的人，大到一个民族和国家，甚至整个世界，都能从阿德勒的个体心理学理论观点找到一定的相处原则和指导思想。

高位截瘫以椅代步的张海迪，在生活的道路上，勇于超越常人而不断奏出动听优美的乐章。我们已经在本书中举过太多诸如张海迪之类的例子，他们之所以如此坚强和优越，是因为他们充分发挥创造性自我的主动性，不断地克服自卑感，进行着补偿作用，追求着自己为自己设定的优越目标。现实生活中，无论是正常人还是身体或心理存在缺陷的人，如果能够直面现实，发挥自己的主观能动性，培养自己的社会兴趣，形成健康的生活风格，去追求优越，相信他绝不会是自甘堕落、对他人与社会无益的人。

比如，阿德勒认为引起战争的内在动机（诸如死亡本能）是不存在的。战争是人们错误地追求权力的结果，随着人类社会兴趣的普遍发展，战争是能够避免和消灭的。这无疑给我们处理国际之间的纷争提供了良好的指导原则：每个国家都要发展对其他国家的“社会兴趣”，与其他国家合作，共同为整个社会的和谐和全人类的幸福作出贡献。

在我们当今的社会中，一些国土狭小、矿藏贫乏的国家获得了突飞猛进的发展并且有的还超过了西方发达国家，经济形势日新月异。这些国家也在追求着自身的优越目标，为社会的进步和人类的幸福做出自己国家应该做的贡献。但是，在这个世界上，并不是所有的国家都会遵循着这个原则——追求社会和谐与人类幸福。有些国家完全没有产生“社会兴趣”，只是在一味地谋求本国的发展与权利，置其他国家的发展与权利于不顾，置整个自然的生态平衡而不顾，不断地发起战争，不断地破坏着生态环境，不断地损害着他国人民的利益。最终的结果可想而知，它们阻碍了社会的进步，剥夺了人类的幸福，环境污染与水资源以及其他的不可再生资源浪费严重，这些都应该引起每一个人、每一个国家的深思。

2008 年，在中国举办的第 29 届奥运会中，我们提出了“同一个世界同一个梦想”（One world One dream）的主题口号，表达了 13 亿中国人民和海内外华人、华侨的心声，这也正是我们坚信和平进步、和谐发展、和睦相处、合作共赢、和美生活是全世界的共同理想的体现。这个共同理想与阿德勒为人类描绘的终极目标具有异曲同工之妙，在为共同理想奋斗与努力的过程中，我们更应该好好贯彻和实践阿德勒的个体心理学理论，让他的理论和思想成为我们追求优越过程中的指路明灯，导引着我们前进的方向。

面对着当今这个全球化的竞争世界，我们每一个人，每一个民族和国家都在某种程度上或者在某个方面上与其他个体、民族和国家存在一定的差距，或者说离我们期望的理想社会和终极目标还有一段很长的距离。按照阿德勒的个体心理学理论观点，这种差距正好是追求优越的动力。在这个百舸争流的世界中，生命的意义不是谋求个人私利、做问题的逃兵、社会的绊脚石、人类幸福的公敌，而应该是不断奋斗、无私奉献、追求社会的和谐和人类的幸福。